KB174317

스마트 폰
하나로
잘 나가는
영상 만들기

이 책은 방일영문화재단의 지원을 받아 연구·저술되었습니다.

스마트폰 하나로
잘 나가는 영상 만들기

ⓒ 이찬휘·문왕곤·이태경·윤희정·허두영 2021

초판 1쇄   2021년 03월 15일

지은이   이찬휘 외

출판책임	박성규	펴낸이	이정원
편집주간	선우미정	펴낸곳	도서출판 들녘
디자인진행	김정호	등록일자	1987년 12월 12일
편집	이동하·이수연·김혜민	등록번호	10-156
디자인	한채린		
마케팅	전병우	주소	경기도 파주시 회동길 198
경영지원	김은주·장경선	전화	031-955-7374 (대표)
제작관리	구법모		031-955-7376 (편집)
물류관리	엄철용	팩스	031-955-7393
		이메일	dulnyouk@dulnyouk.co.kr
		홈페이지	www.dulnyouk.co.kr

ISBN   979-11-5925-615-8 (13000)

스마트폰
하나로
잘 나가는
영상 만들기

이찬휘

문왕곤

이태경

윤희정

허두영

지　음

스마트폰으로 나를 혁신하라!

스마트폰은 가장 대표적인 혁신의 산물이다. 아이폰(iPhone)이 등장한 2009년부터 스마트폰의 시대라고 한다면, 지난 10년 남짓한 기간 동안 스마트폰은 우리 생활을 그야말로 혁신적으로 바꿔놓았다.

언제 어디서나, 심지어 걷거나 자동차로 다니면서도 통화할 수 있다는 것은 핸드폰 차원의 혁신이다. 단순하게 메시지를 주고받는 것도 핸드폰 차원의 혁신에 그친다. 음성이나 문자를 주고받는 차원의 혁신을 굳이 스마트폰의 영역에 끼워 넣을 필요가 없다.

인터넷과 연결되고 다양한 앱으로 무장하면서 스마트폰은 정말 엄청난 혁신을 불러왔다. 이메일, 정보 검색, 채팅, 콘텐츠 감상, 온라인학습(e-Learning), 영상 촬영, 녹음, 메모, 쇼핑, 뱅킹, 예약·예매, 내비게이션, 시계, 조명, 만보기 등등 일일이 열거하기 숨이 가쁠 정도로 용도가 많고 또 다양하다. 첨단기술의 발달로 새로운 앱이 등장하면서 앞으로 차원이 다른 혁신이 계속 추가될 것이다.

스마트폰이 우리 생활을 바꾸는 동안 정작 나의 생활은 무엇이 바뀌었는가? 가장 혁신적인 장치가 나의 생활을 얼마나 혁신적으로 바꿔놓았는가? 혁신의 대명사인 스마트폰으로 과연 나는 무엇을 혁신했는가?

이제 스마트폰 없는 생활은 상상조차 할 수 없는가? 스마트폰이 계속 뿜어내는 달짝지근한(sweet & smart) 전파(Wifi)에 감전돼 거미줄에 걸린 파리처럼 꼼짝 못 하는 것은 아닐까? 그 작은 화면에서 반짝이는 빛만 탐닉하는 좀비가 되어 자신의 얼굴을 들지 못하는 것은 아닐까? 아뿔싸! "우리는 똑똑한 스마트폰과 멍청한 인간의 시대에 살고 있다"(We live in an era of smart phones and stupid people)*.

이 책은 가장 혁신적인 장치로 나를 혁신하는 방법을 모색한다. 스마트폰으로 나의 역량을 혁신하는 방법이자, 조직의 역량을 강화하는 전략이다.

우리가 스마트폰에서 가장 자주 사용하는 기능은 영상이다. 스마트폰은 가장 자주 보는 화면(the primary screen)이자 가장 자주 사용하는 카메라(the primary camera)다. 발 빠른 사용자들은 스크린에서 정보를 소비하는 데서 카메라로 정보를 생산하는 단계로 나아갔다. 유튜브에서 영상을 보고 즐기는 소비자(consumer) 차원에서 벗어나 이제 직접 영상을 찍고 제작하는 생산자(producer)로 발돋움하는 것이다. 크리에이터(creator)다.

지금 파워포인트(PPT)를 다루지 못하면 발표(presentation)를 할 수 없

---

* 미국의 금융가 지아드 압델누어의 명언

다. 과제든 논문이든 프로젝트든 파워포인트로 발표하지 못하면 조직의 리더가 될 수 없다. 앞으로 불과 몇 년 이내에 영상을 다루지 못하면, 지금 파워포인트를 다루지 못하는 것보다 더 푸대접받게 될 것이다. 영상 커뮤니케이션 역량이 새로운 직무역량(job competency)으로 떠올랐기 때문이다. 산업사회에 글을 모르는 무지렁이처럼, 영상 시대에 영상을 다루지 못하면 그 삶이 얼마나 끔찍할지 상상해보라.

영상 커뮤니케이션 역량이 가장 먼저 부각된 영역이 바로 언론계다. 모바일 저널리즘(mobile journalism)이다. 유럽에서 태동한 모바일 저널리즘의 잠재력을 먼저 알아채고, 우리 사회에 어떻게 적용할지 함께 고민한 언론계 출신 필자들이 모여 이 책을 꾸몄다. 그들이 이구동성으로 말하는 결론은 하나다.

"혁신도구인 스마트폰으로 당신을 혁신하는 방법을 가르쳐드리겠습니다."

차   례

1장

모바일자키의 시대

1.1. 전화로 보도한 생방송 뉴스

'디지털 광부'(Digital Gold Miners)는 디지털 업종에서 노다지를 캐는 벤처기업을 일컫는 말이다. 아이폰이 처음 등장하고 2년 지난 2009년 8월 20일, 미국 KOB-TV(Ch. 4)의 제레미 조졸라(Jeremy Jojola) 기자는 새로 뜨는 유망 사업을 소개하는 생방송 뉴스를 시작했다. 뉴멕시코 앨버커키(Albuquerque)의 한 커피숍에 모인 개발자 동아리, '코코아 컨스피러시'(Cocoa Conspiracy)에 관한 이야기다. 그는 아이폰용 앱을 만들어 한 번 내려 받는데 몇 달러씩 받으면서 '돈을 쓸어 담는' 앱 개발자들을 인터뷰하며 '디지털 광부'라고 소개했다.

시청자들은 아이폰 앱으로 떼돈을 번다는 뉴스에 솔깃했지만, 언론계는 조졸라 기자의 보도에 깜짝 놀랐다. 방송 스튜디오가 아닌 현장(커피숍)에서 중계차나 안테나도 없이 생방송 리포트를 진행했기 때문이다. 기자가 스마트폰(iPhone)에 동영상 앱(QiK)을 깔아 커피숍에서 현장을 찍고 인터뷰를 하는 장면을 KOB-TV가 바로 그대로 뉴스 화면에 띄운 것이다. 전화기로 생방송 리포트를 진행한 첫 방송이다. '디지털 광부'를 소개한 조졸라 기자가 이 방식으로 돈을 벌었다면 본인도 모바일 저널리즘의 첫 '디지털 광부'로 꼽혔을 것이다.

휴대폰으로 뉴스를 녹화 제작한 것은 조졸라 기자의 첫 보도보다 불과 두 달 전이다. 2009년 6월 19일 미국 플로리다주 마이애미에 있는 CBS의 계열사 WFOR는 지오 벤티에즈(Gio Benitez) 기자가 아이폰으로 찍은 영상을 편집용 앱(final cut pro)으로 편집한 영상을 내보냈다. 휴대폰으로 찍은 영상이 녹화방송에서 생방송으로 가는 데 두 달밖에 걸리지 않았다. 어마어마하게 빠른 속도다.

신문이 휴대폰으로 찍은 사진을 채택한 것은 뉴욕타임스가 처음이다. 휴대폰으로 찍은 사진이 2004년 2월 17일자 1면에 올랐다. 유감스럽게도 이 역사적인 사진은 뉴욕타임스의 카메라기자가 찍은 게

아이폰 앱으로
생방송 리포트를 진행한
조졸라 기자
(출처: 유튜브 캡처)

휴대폰 사진을
지면에 실은 뉴욕타임스
(출처: 뉴욕타임스
홈페이지)

아니다. 미국의 두 통신서비스 기업의 대표가 합병 서류에 서명하는 장면을 옆에 있던 간부가 휴대폰로 찍은 사진이다.

1.2. 모바일 저널리즘을 이끈 기술

새로운 기술은 작업방식의 변화를 만들어낸다. 모바일 저널리즘을 이끌어낸 첫 기술은 카메라다. 독일의 카메라 기업 라이츠(Leitz)가 1913년 발표한 35mm 카메라, '라이카'(Leica: Leitz+Camera)는 기자가 찍은 현장을 독자가 신문으로 확인하는 놀라움을 만끽하게 해주었다. 라이카의 등장은 포토저널리즘(photo journalism)을 이끌어냈다.

걸어 다니면서 대화하는 장치가 워키토키(walkie-talkie)라면, 걸어 다니면서 영상을 찍는 장치는 '워키루키'(walkie-lookie)다. 미국에서 라디오와 TV를 생산하던 RCA는 1940년 무게 20kg 정도로, 가지고 다니면서 촬영할 수 있는 TV용 핸디 카메라(handy camera)를 개발했다. 방송으로 쏘는 송신기능이 없긴 하지만, 적어도 기자들은 스튜디오를

벗어나 현장에서 바로 영상을 담을 수 있게 된 것이다.

인터넷이 방방곡곡 깔리고 전화기가 작아지면서 인터넷과 전화기를 결합한 휴대폰이 등장했다. 2007년 애플이 처음 선보인 '아이폰'이다. 아이폰은 사진은 물론 동영상까지 찍고, 음성은 물론 문자나 영상까지 주고받을 수 있다. 누구나 언제 어디서 어떤 형태의 정보든 주고받을 수 있는 '소셜미디어'(social media)의 시대를 연 것이다. 소셜미디어를 언론계에서 활용한 것이 바로 모바일 저널리즘이다.

1.3. 기자보다 빠른 현장 소식

모바일 저널리즘으로 사건을 처음 '보도'한 사람은 유감스럽게도 기자가 아니다. '떠돌이 기자'(Roving Reporter)로 자칭하던, 캐나다 토론토 대학의 스티브 만(Steve Mann) 교수는 1995년 2월 직접 고안한 웨어러블 카메라를 입고 연구실로 가다가 우연히 화재사건을 마주쳤

feb. 22, 1995: most of my day quite boring, walking to lab, pizza at food trucks etc. around 10pm i see a fire hose; i'm following it now

looks like must be a fire, fire trucks, shall i go to right for view? (email or talk me in@... or tnc)

isn't it cool, those on mosaic, world wide web for first time see news as it happens?

no, but i could envision this as a new form of news gathering. i go to make lookpainting of fire truck

Back Forward Home Reload Open... Save As... Clone New Window Close Window

스티브 만 교수가 웨어러블
카메라로 찍은 화재사건
(출처: 위키피디아)

다. 가까이 다가간 그는 현장을 촬영하며 기록을 남겼다. "이걸 웹으로 보내면 처음으로 뉴스를 보도하는 거 아닐까? 앞으로 새로운 뉴스 취재방식이 되겠지"(World wide web for first time see news as it happen? No, but i could envision this as a new form of news gathering). 역시, 그가 기대한 대로 모바일 저널리즘 역사의 한 장면으로 남게 됐다.

휴대폰이나 카메라가 널리 보급되면서, 스티브 만 교수처럼 기자가 아닌 보통 사람들이 현장에서 촬영한 사건을 언론사에 제보하기 시작했다. 이라크 전쟁 마드리드 폭격(2003), 인도네시아 쓰나미(2004), 허리케인 카트리나(2005) 같은 세계적인 사건을 보도할 때 등장한 생생

한 현장 영상은 세계의 시청자들을 깜짝 놀라게 만들었다.

예를 들어 2005년 런던 테러 사건이 벌어진 한두 시간에 영국 BBC에 1천 건이 넘는 사진, 4천 건이 넘는 문자메시지, 2만 건이 넘는 이메일이 쏟아졌다. 보통 사람들이 현장에서 휴대폰으로 저널리즘에 참여하기 시작한 것이다. 이때부터 BBC는 시청자가 제보하는 영상의 중요성을 깨닫고 UGC(user generated content) 허브를 설치했다. 미국 CNN은 2006년 뉴올리언스를 강타한 허리케인 카트리나 재난보도에 시민기자를 위한 웹사이트를 활용한 뒤, 시민저널리즘 프로젝트인 아이리포트(iReport)를 전개하기도 했다.

1.4. 핸드폰으로 뉴스를 만드는 언론사들

카메라를 쓰지 않는 방송뉴스가 등장했다. 2015년 6월 스위스 레망호(Lake Leman) 남쪽 제네바에 본부를 둔 지역방송사 레망블루(Léman Bleu)는 보도본부에서 카메라를 치워버리고 모든 기자에게 '아이폰 6'를 지급했다. 모든 뉴스보도를 스마트폰으로 진행하기 시작한 것이다. 저널리즘의 역사에 '모바일 저널리즘'(MOJO: mobile journalism)이라는 새로운 이정표가 등장한 것이다.

'모바일 저널리즘'이라는 용어는 2005년 미국 플로리다 포트마이어스(Fort Myers)에 있는 일간지 뉴스프레스(News-Press) 지면에서 처음 등장했다. 기자가 휴대폰, 노트북PC, 디지털카메라, 캠코더 같은 휴대용 전자기기를 가지고 다니며 뉴스를 취재하고 편집하고 송고하는

GENEVA Thursday 25 June 2015

Léman Bleu launches newscast "100% iPhone"

> Alexis Favre

Denis Palma, one of the journalists and presenters Léman Bleu, at the time of the rehearsals. (Laura Keller)

During the summer, the local chain fully realize its smartphones with TJ

새로운 작업방식에 붙인 이름이다. 취재 → 제작 → 보도로 이어지는 기자의 활동을 쉽고 빠르게 만들어주는 작업방식이다.

BBC는 뉴스 전용 소프트웨어인 'PNG'(portable news gathering)를 개발해서 기자들을 훈련시켰다. 영상을 찍고 편집하고 송신할 수 있으며, 오디오와 사진은 바로 뉴스룸으로 보낼 수 있는 앱이다. 쉽게 말하면, 기자가 전화 한 통으로 동영상 뉴스를 쏠 수 있다는 이야기다.

로이터(Reuters)는 2007년 노키아(Nokia)의 스마트폰을 중심으로 삼각대, 마이크, 무선키보드, 태양광충전기로 MOJO 키트를 구성하고 별도 웹사이트를 만들어 MOJO 기사를 올리고, 이듬해 열린 베이징올림픽에 MOJO 키트로 '무장'한 기자들을 투입하기도 했다.

CNN도 따로 개발한 MOJO 키트(ToolKit)로 기자는 물론 시민기자까지 교육하며 슬로건으로 내건 'CNN is everywhere'를 추구하고 있고, 월스트리트저널은 2012년 '월드스트림'(WorldStream)을 개발해서 400명이 넘는 기자들과 함께 동영상 뉴스 제작을 시작했다.

1996년 개국한 알자지라(Al Jazeera)는 2006년 영어 방송을 시작하면서 스마트폰으로 잠입 취재한 특집 '시리아: 반항의 노래'(Syria: Songs of Defiance)를 방영했다. 후발주자인 만큼 모바일 저널리즘으로 경쟁자를 따라잡겠다는 강력한 전략을 제시한 것이다.

1.5. 한국의 모바일 저널리즘

"MOJO?"

아시아태평양방송연맹(ABU) 뉴스국장으로 파견 근무하던 KBS 채일 기자(국제부)는 사업 협력을 의논하러 2015년 스위스 제네바에 있는 유럽방송연맹(EBU) 교육센터를 방문했다가 충격을 받았다. 처음 듣는 모바일 저널리즘(MOJO)이라는 프로그램이 70건이 넘는 방송제작자 연수 프로그램 가운데 가장 인기가 높다는 것을 깨달은 것이다. 이듬해 그는 덴마크 코펜하겐에서 열린 EBU 뉴스그룹 총회에서 75개 회원사 보도국장들과 함께 MOJO의 최신 제작이론 강의를 들으며 그 위력을 다시 한 번 실감했다.

2017년 KBS는 채일 국장의 제안으로 ABU와 함께 두 차례에 걸쳐 아시아·태평양 24개국 기자와 PD 50명을 초청해서 KBS 인재개발원과 PJ호텔에서 1주일씩 MOJO 교육을 제공했다. 당시 최기홍(KBS), 윤천석(SBS) 등 전직 기자들이 강사로 참여했고, 교육생들은 민속촌과 성애병원 등을 취재하고 그 결과를 본국의 방송으로 내보내기도 했다. 이를 본 KBS도 기자와 PD 30명을 대상으로 2차례에 걸쳐 MOJO 교육을 실시했다. 모바일 저널리즘이 한국에 싹을 틔운 것이다.

채일 국장과 함께 MOJO 교육을 기획한 이찬휘 MNA 대표(SBS)는 2018년 한국방송기자클럽 사무총장으로 취임하면서 강원도 철원 한탄리버스파호텔에서 '모바일 저널리즘의 가능성과 발전방향'을 주제로 세미나를 열었다. 한국언론문화진흥재단이 후원한 이 세미나에서 변영우 가톨릭관동대 교수(SBS)가 주제를 발표하고 전·현직 기자들이 토론을 이어갔다.

이찬휘 대표의 요청으로 한국방송기자클럽에 들어온 허두영 테크업 대표는 모바일 저널리즘을 널리 보급하는 임무를 맡았다. 방송기자클럽은 언론계에 모바일 저널리즘을 보급하는 한편, 당시 싹튼 영상 크리에이터 교육에 맞춰 대중을 위한 모바일자키(MOJO: Mobile Jockey) 프로그램으로 MOJO 아카데미를 개설했다.

방송기자클럽은 2018년 한국과학기술정보연구원(KISTI)의 임직원 25명을 대상으로 서울 목동 방송회관 회의실에서 첫 교육을 실시했다. 이어 한국과학기술원(KAIST), 한국과학기술단체총연합회, 한국산업기술진흥협회, 국회 의정연수원 등에 이어 2019 광주세계수영선수권대회 서포터즈 교육으로 모바일자키를 확산시키고 있다.

■ 참고자료

* https://diverseeducation.com/article/17180/

* https://www.researchgate.net/publication/228391574_Mobile_journalism_A_snapshot_
  of_current_research_and_practice

* https://institute.aljazeera.net/sites/default/files/2018/mobile%20journalisn%20english.pdf

* http://www.ired.org/modules/infodoc/files/english/mojo_mobile_journalism_in_the_
  asian_region.pdf

* https://www.engadget.com/2009-08-26-found-footage-iphone-and-qik-go-live-
  for-new-mexico-reporter.html

* http://www.b-roll.net/today/2009/08/kob-reporter-does-iphone-live-shot/

* https://www.youtube.com/watch?time_continue=3&v=9YFaEF04pjo&feature=emb_logo

* https://www.poynter.org/reporting-editing/2009/new-mexico-reporter-uses-iphone-
  qik-to-broadcast-live-story/

2장

스토리텔링과
스토리보드

2.1. 생활 속 영상 스토리를 찾아라

글을 쓰려고 연필을 쥐거나 키보드를 잡으면, 정작 무엇을 써야 할지 막막한 경우가 많다. 영상도 마찬가지다. 맘먹고 멋진 카메라를 하나 장만했는데, 막상 찍을 게 떠오르지 않아 먼 풍경이나 애먼 풀꽃에 렌즈를 들이댄다. 짧은 동영상 하나 만들어보려고 해도, 무엇부터 시작해야 할지 막막하게 마련인 것이다.

1분짜리 동영상을 하나 만들더라도 스토리가 필요하다. 15초짜리 광고영상에도 스토리가 있다. 스토리가 있어야 카메라를 갖다 댈 대상을 찾아내고 어떻게 찍을지 궁리할 수 있지 않은가? 학교 다닐 때 배웠던 스토리(소설)를 구성하는 3가지 요소인 인물, 사건, 배경을 떠올려보자.

어떤 배경에서 누구를 주인공으로 내세워 어떤 사건을 겪게 만들 것인지 스토리를 짜보자. 누가(who), 언제(when), 어디서(where), 무엇을

(what), 어떻게(how), 왜(why). 6하원칙으로 이뤄진 한 문장이다. 이 문장이 바로 줄거리다. 줄거리를 풀어서 여러 문장으로 나눠 만들면 시나리오가 된다.

예를 들어 내가 기르는 애완견을 주인공으로 내세워보자. '우리 집 댕댕이는 내가 퇴근해 집에 돌아올 때마다 너무너무 반갑게 달려든다'는 한 줄짜리 줄거리다. 매일 겪는 사건이다.

댕댕이가 꼬리치며 뿜어내는 '너무너무 반가움'이라는 감정이 공감을 얻으려면, 그 배경을 섬세하게 보여줘야 한다. '빈 집에서 댕댕이는 하루 종일 얼마나 심심했을까' 하는 상상력이 필요하다. '너무너무 반가움'의 뒤에는 '너무너무 심심했음'이라는 갈증이 있었다는 걸 깨닫게 하는 것이다. 그러면 하루 종일 혼자 지낸 댕댕이에 대한 미안함과 주인을 반겨주는 데 대한 고마움을 공감으로 끌어낼 수 있다.

이 줄거리라면 카메라를 어디에 갖다 대야 할지 분명하게 알 수 있다. 댕댕이의 '너무너무 심심함'과 '너무너무 반가움'을 드러내는 동작과 그 배경에 초점을 맞추는 것이다. 빈집에서 무료하게 어슬렁 거리거나 하릴없이 잠만 자는 장면과, 내 발자국 소리에 고개를 들고 대문 쪽으로 후다닥 달려가 꼬리치며 반기는 장면이다. 이런 생활 속의 장면은 과연 얼마나 찍기 쉬울까?

댕댕이를 주인공으로 내세우면 장점이 많다. 출연료나 초상권 같은 골치 아픈 권리를 주장하지 않는다. 프라이버시 때문에 특정 장면을 모자이크 처리해달라는 귀찮은 조건도 제시하지 않는다. 판권이나 수익배분도 요구하지 않는다. 대사도 없기 때문에 댕댕이의 감정을 내 멋대로 자막 처리해도 이의를 제기하지 않는다. 딱 하나 불편한 것은 내가 캐스팅한 주인공인데, 내가 원하는 장면을 제때 연출해주지 않는다는 현실뿐이다.

2.2. 정보를 줄까, 감동을 줄까?

영상 스토리를 만들려면 큰 방향부터 잡아야 한다. 정보를 줄 것인가, 감동을 줄 것인가? 정보를 위주로 한다면 뉴스, 토론, 탐사, 다큐 같은 형식으로, 감동을 위주로 한다면 드라마나 쇼, 다큐 같은 형식으로 짜면 된다. 최근 들어 정보와 감동을 동시에 노리는 참신한 작품이 점점 늘어나고 있다. 하지만 둘 중 어느 쪽에 무게를 둘 것인지는 정해야 한다.

정보를 위주로 한다면, 정보의 신뢰성을 중시하는 객관적이면서도 논리적인 스토리텔링이 필요하다. 아무리 그 정보가 사실(fact, truth)이라 하더라도 객관적으로 다루지 않거나 논리적으로 접근하지 않으면 왜곡되기 십상이다. 정보의 이해도(literacy)도 챙겨야 한다. 시청자가 알아들을 수 있도록 세심하게 배려해야 한다.

감동을 앞세운다면, 굳이 객관적이거나 논리적인 접근을 고집할 이유가 없다. 주관, 비약, 파격, 도발, 임기응변 같은 요소가 뜻밖의 재미를 불러낼 수 있기 때문이다. 감동을 추구하려면 객관이나 논리를 무시해도 된다는 건 절대 아니다. 정교하게 설계한 스토리는 가끔 깊은 감동까지 선사하기도 한다.

우리 집 댕댕이를 예로 들어보자. 정보를 주겠다면, 애완견이 겪기 쉬운 분리불안(separation anxiety) 같은 주제로 자료와 정보를 찾아 댕댕이의 사례를 가지고 설명하면 된다. 정보를 제공할 때 어떤 가축병원이나 제품이나 회사를 소개한다면 객관적이고 논리적인 접근이 매우 중요하다. 일방적인 홍보용 스토리는 뻔하고 재미도 없어서 애써 만든 영상을 봐줄 사람이 거의 없기 때문이다.

감동을 주겠다면, 하루 종일 빈집에서 너무너무 심심해서 주인의 귀가가 너무너무 반가운 댕댕이의 일상을 찍어보자. 심심함이나 반가움만으로도 스토리를 꾸밀 수 있다. 분리불안으로 몹시 외롭거나 힘들어하는 댕댕이의 표정을 모아도 되고, 사람에게 관심을 받고 싶어 하는 댕댕이의 행동을 찍어도 된다. 아예 댕댕이를 주인공으로 만들어 제작자가 제시하고 싶은 주제까지 버무려보자. 댕댕이를 주인공으로 하는 '나 홀로 집에'(Home Alone)도 가능할 것이다.

2.3. 시의적절한 소재를 잡아라

맥도널드(McDonalds)나 빅맥(BigMac)처럼 한 브랜드로 맛과 품질이 통일된 음식은 언제 어디서나 별다른 고민 없이 믿고 먹을 수 있다는 게 강점이다. 가끔은 그 강점이 약점이 되기도 한다. 언제 어디서든 먹을 수 있는데, 지금 굳이 먹어야 되는 이유가 없기 때문이다. 그래서 우리는 제철음식이나 토속음식을 찾는다.

영상 스토리도 마찬가지다. 언제 어디서 봐도 상관없는 스토리라면 굳이 지금 보려 들지 않게 된다. 아무리 돈이 되는 정보라도, 아무리 뭉클한 휴먼스토리라도 그 영상을 보고 싶은 이유를 만들어줘야 한다. 볼 것이 너무 많고, "안 그래도 바쁜" 핑계가 많은 시청자가 굳이 그 영상을 보도록 만드는 힘이다.

당시 상황에 어울리는 시의성이 필요하다. 언제 봐도 상관없는 콘텐츠가 아니라 바로 그때 보면 훨씬 더 공감할 수 있는 소재를 다루는 게 좋다. 당시 상황이나 요구에 알맞은 시의적절한 소재가 필요하다. 수학에서 접선의 방향을 구하는 미분방정식처럼, 스토리를 풀어가는 바로 그 시점을 지나는 접선의 방향을 제시하는 것이다.

댕댕이의 분리불안을 다룬다면 애완견의 불안한 심리 상태 그 자체를 파고들어도 되지만, '왕따' 어린이나 홀로 된 노인처럼 최근 사회문제로 부각된 주제를 슬쩍 걸치기만 해도 훌륭한 스토리가 된다. 영상 스토리도 제철음식이나 토속음식처럼 바로 지금 맛보고 싶은 이유를 만들어줘야 하는 것이다.

2.4. 감성을 건드려라

영상 스토리는 감성적인 터치가 중요하다. 이성적인 정보는 논리 경로를 따라 머리까지 가는 데 오래 걸리지만, 감성적인 터치는 핫라인을 타고 바로 가슴으로 스며들기 때문이다. 소설이나 기사처럼 문장으로 풀어낸 스토리가 논리를 앞세워 설득하려 든다면, 사진이나 영화처럼 영상으로 구성한 스토리는 감성을 건드려 공감을 끌어내야 한다. 논리적인 흐름을 무시해도 된다는 게 아니라, 감성적인 터치에 더 집중하라는 것이다. 영상 콘텐츠에 대한 평가는 "옳다", "그르다" 같은 이성적인 판단보다는 "좋다", "싫다" 같은 감성적인 느낌으로 표현되는 경우가 많기 때문이다.

감성을 건드리려면 개인의 이야기를 다루는 게 좋다. 완벽하고 빈틈없는 100점짜리 인물보다는 많이 부족하지만 꾸준히 노력하는 주인공에 마음이 끌리게 마련이다. '공감'(共感)은 비슷한 경험을 공유하는 사람끼리 나눌 수 있기 때문이다. 자신의 재능을 늦게 발견한 사람이나 재능이 있는데 좌절한 사람처럼, 사연 없는 사람은 없다. 개인마다 숨은 사연이나 불우한 가족사 같은 소재가 영상 스토리에 적합한 감성적인 스토리텔링이다.

댕댕이를 처음 어떻게 만났는지, 그때 어떤 느낌이 들었는지? 거꾸로, 댕댕이가 주인을 처음 어떻게 만났는지, 그때 어떤 느낌이 들었는지, 주인공을 강아지로 바꿔도 좋다. 댕댕이의 스토리든 댕댕이 주인의 스토리든, 스토리가 먹히는 것이다. 작은 강아지 한 마리도 얼마나 많은 스토리를 품고 있는지 알면 깜짝 놀라게 될 것이다.

감성을 먼저 건드리면 재미있게 만들 수 있다. 문자로는 어려운 오락적인 요소도 쉽게 가미할 수 있다. 공감할 만한 소재를 얼마든지 재미있게 구성해서 활력을 불어넣을 수 있다는 이야기다. 정보와 재미를 동시에 추구하는 음악, 퀴즈, 게임, 예능, 만화, 스포츠 관련 프로그램처럼 편하게 즐길 수 있는 것들이다. 따라서 영상 콘텐츠는 여러 편을 이어 연속시리즈로 제작하는 기획이 많다. 마치 드라마처럼 다음 회에 대한 궁금증과 기대를 증폭시켜 관심을 끄는 전략이다. 댕댕이 스토리를 어떻게 시리즈로 만들 수 있을까?

2.5. 눈에 보이게 만들어라

책을 읽으면서 바로 그 스토리의 이미지를 떠올리기는 쉽지 않다. 문자가 안고 있는 추상성 때문이다. '사과' 하면 저마다 다른 사과를 떠올리고, '사랑' 하면 제각기 다른 사랑을 상상하게 마련이다. 원하는 바로 이 '사과'와 바로 이런 '사랑'을 정확하게 표현할 수 있어야 한다. 바로 이 '사과'나 바로 이런 '사랑'이 눈에 보이거나 보이는 것처럼 만드는 게 영상 스토리의 힘이다.

영상 스토리텔링은 구체적이어야 한다. 바로 눈앞에서 현장을 보는 것처럼 실제적이어야 한다. 카메라를 어떤 각도에서, 어떤 방향으로, 어떤 크기로, 어떻게 움직이며, 얼마나 오래, 무엇을 보여줄 것인가 하는 게 분명해야 한다. 영상 스토리텔링은 작가가 원하는 가상의 시공간에서 끊임없이 움직이고(moving) 멈추는(fix) 카메라워크(camera work)로 풀어가는 것이다.

문자로 구성한 스토리는 시공간에서 아무런 제약이 없지만, 대부분의 영상 스토리는 시공간에 갇힌다. 때와 장소에 따라 찍을 수 있는 영상이 달라지기 때문이다. 그 시공간을 벗어나려면 편집기술을 직접 배우거나 돈을 많이 들여야 한다. 예산이나 시간의 한계 속에서 무엇을 어떻게 표현할 것인가 고민해야 한다.

영상 스토리는 시공간의 흐름 속에 인물, 사건, 배경의 변화를 다룬다. 표현하고 싶은 주제를 눈에 보이게 만든다는 것은 인물과 사건과 배경의 변화를 눈에 보이게 만드는 것이다. 영상 스토리텔링은 무엇이 어떻게 얼마나 왜 바뀌었는지를 영상으로 깨닫게 하는 힘이다.

무엇을 눈에 보이게 만들 것인가?

댕댕이의 '너무너무 심심함'과 '너무너무 반가움'을 보여주려면 무엇을 어떻게 찍어야 할까? 한 걸음 더 나아가, 댕댕이의 '너무너무 심심함'과 '너무너무 반가움'을 통해 내가 드러내고 싶은 주제는 어떻게 눈에 보이게 만들 수 있을까?

2.6. 스토리는 관찰과 공감에서 나온다

스토리텔링은 말 그대로 스토리 즉 이야기를 만드는 것이다. 없는 것을 창조하는 것이 아니라 '있는 것을 어떻게 배열하고 조합해 새로운 것을 만들어내느냐?'는 것이다. 새로운 스토리를 만드는 작업은 관찰과 공감으로 시작한다.

평범한 일상도 멋진 스토리가 된다. 노벨문학상을 받은 러시아 작가 알렉산드로 솔제니친(Aleksandr Solzhenitsyn)은 수용소에서 하루 동안 벌어진 일을 『이반 데니소비치의 하루』(Odin Den' Ivana Denisovicha)로 꾸며냈다. 무려 200쪽 분량의 중편소설이다. 하루 동안 무슨 스토리가 그리 많았을까?

아무 일이 발생하지 않아도 스토리가 된다. 노벨문학상을 받은 아일랜드 작가 사무엘 베케트(Samuel Beckett)는 블라디미르와 에스트라공이 나무 한 그루 아래서 무턱대고 누군가를 기다린다는 줄거리를 『고도를 기다리며』(Waiting for Godot)로 담아냈다. 그들이 기다린 무려 50년 동안 아무런 사건이 발생하지 않았다. 그 심심하고 지루한 50년을 어떻게 스토리로 만들었을까?

스토리를 만드는 힘은 관찰과 공감이다. 단 하루 동안의 짧은 일상도, 50년이라는 하릴없이 기나긴 세월도 관찰하고 또 공감하면 스토리를 만들 수 있다. 관찰하는 법과 공감하는 법을 배우려는 나태주 시인의 '풀꽃'을 읽어보면 된다. 시인은 '자세히 보아야 예쁘다. 오래 보아야 사랑스럽다'고 했다. 관찰하려면 자세히 보면 되고, 공감하려면 오래 보면 된다.

댕댕이에게서 스토리를 찾아보자. 댕댕이를 자세히 보고, 또 오래 봐보자. 댕댕이를 관찰하고 공감하다 보면, 강아지 한 마리도 얼마나 많은 스토리를 지니고 있는지 깜짝 놀라게 된다.

2.7. 스토리보드 짜는 법

악기를 연주하려면 악보가 필요하다. 노래를 부를 때도 마찬가지다. 음악의 3요소인 가락(melody), 박자(rhythm), 화음(harmony)을 눈에 보이게 적어놓은 것이 악보다. 가사까지 들어 있으면 노래도 부를 수 있다. 시간의 예술인 음악을 기록하고 학습하고 실행하기 위한 목적으로 시각적인 형태로 바꿔놓은 것이다.

영상도 시간의 예술이다. 영상을 만들려면 필요한 여러 요소들을 시간에 맞춰 정렬해둬야 한다. 스토리의 주요 장면을 글이나 그림이나 사진 형태로 설명하고, 자막이나 이미지 같은 디자인 요소와 목소리나 배경음악 같은 오디오 요소를 시간에 맞춰 가지런히 늘어놓는 것이다. 음악을 연주하는 데 악보가 필요하다면, 영상을 제작하는 데 스토리보드가 있어야 한다.

댕댕이의 일상을 스토리보드로 만들어보자. 원하는 장면을 샷의 크기로 설정하고, 그 배경에 음악이나 자막을 깔고, 적절한 대사까지 시도해보자.

시간	비디오	오디오	자막	대사
18"	· 적막한 거실(Full Shot) · 벽면 시계 오전 8시(Close up) · 엎드린 댕댕이(Medium Shot)	· 지루한 음악	모두 출근한 월요일 오전	모두가 출근해버려 아무도 없는 월요일 오전
23"	· 지루한 댕댕이(Medium Shot) · 멍한 눈(Close up) · 늘어진 다리(Close up) · 하품하는 댕댕이(Medium Shot) · 어슬렁거리는 댕댕이(Full Shot) · 벽면 시계 오후 5시(Close up)	· 지루한 음악	심심… 지루… 하품…	댕댕이는 무얼 하며 하루를 보낼까요?
16"	· 문 비밀번호판(Close up) · 인기척 느낀 댕댕이(Close up) · 열리는 문(Medium Shot) · 달려가는 댕댕이(Full Shot)	· 비밀번호 소리 · 문 열리는 소리 · 반갑게 짖는 소리		
21"	· 달려오는 댕댕이(Medium Shot) · 안기는 댕댕이(Medium Shot) · 꼬리치는 댕댕이(Close up) · 벽면 시계 오후 8시(Close up) · 즐거운 거실(Full Shot)	· 반가운 음악 · 행복한 음악		누가 나를 이렇게 반겨줄까요?

촬영하는 방법

3.1. 화면을 구성하는 법

영화감독이나 방송PD, 스태프 들이 양손의 엄지와 검지를 엇대고 직사각형을 만들어 화면을 잡는 걸 본다. 프레이밍(framing)이다. 피사체를 사각형 프레임 안에 넣으면 원하는 영상이 나올 것 같지만 실제로 나온 영상을 보면 기대했던 느낌과 전혀 달라 실망하게 마련이다. 원하는 영상을 얻으려면 촬영할 때 의도한 분위기나 감동을 표현하는 방법을 알아야 한다. 구도와 구성이다.

구도는 피사체의 장점을 살려 프레임 안에 균형 있게 배치하는 작업이다. 구성은 구도보다 넓은 의미로 연출자와 촬영자의 의지를 담아 피사체를 생략하거나 강조하는 방법으로 영상의 완성도를 높이는 것이다. 영상에서 구도를 결정하는 요인으로 선(line), 형(form), 양(mass), 움직임(movement) 따위를 들 수 있다. 선(線)은 직선, 곡선, 대각선, 수평선, 수직선을 말하고, 형(形)은 사물의 형태를 뜻한다. 양(量)

은 크기나 부피 같은 단위를, 움직임은 사람이나 사물의 이동이나 동작을 가리킨다.

좋은 영상은 상상력을 이끌어낼 수 있어야 한다. 촬영이나 편집에 참여한 그들만 이해할 수 있는 영상은 굳이 다른 사람에게 보여줄 이유가 없다. 영상은 흥미를 일으켜 작품에 몰입하도록 하면서 메시지도 정확하게 전달해야 한다. 카메라워크를 배워야 한다. 카메라워크는 단순히 '카메라로 촬영하는 것'이 아니다. 대상을 고르고, 카메라의 위치를 정하고, 프레이밍의 크기를 잡고, 렌즈 초점거리를 선택하고, 화면에서 동선 방향을 잡는 것이다.

피사체를 선택하려면, 제작 의도에 적합한지, 샷의 내용에 맞는지 따져야 한다. 카메라는 피사체를 가장 적합하게 묘사할 수 있는 위치로 잡아야 한다. 앵글은 정면인지 측면인지, 높이는 수평, 낮은 앵글(low angle), 높은 앵글(high angle) 중에서 골라야 한다. 화면의 어느 부분까지 촬영 범위로 할 것인지 고민해야 한다. 원하는 효과를 얻기 위해 초점거리를 어떻게 맞출 것인지 생각해야 한다. 피사체가 움직일 때 화면에 나오는 동선이 혼돈되지 않도록 잘 살펴야 한다.

3.2. 샷을 선택하는 법

촬영은 무엇을 어떻게 영상으로 옮길까 하는 생각을 행동으로 옮기는 것이다. 그러려면 주제를 어떤 방식으로 표현할지 미리 생각해 둬야 한다. 샷에 대해 확실히 알고 있어야 영상을 구성할 수 있고,

촬영할 때 구체적인 구도를 잡을 수 있다. 주제를 표현하기 위한 샷은 바로 구도로 연결된다.

샷이란 영상을 촬영할 때 끊지 않고 한 번에 찍는 기본단위를 말한다. 사람을 기준으로 보자. 화면에 한 사람만 담으면 원샷(one shot)이고, 두 사람은 투샷(two shot), 세 사람은 쓰리샷(three shot)이다. 5명이 넘으면 그룹샷(group shot)이고, 더 큰 의미로 군중을 프레임에 담을 때는 몹씬(mob scene)이라고 한다. 객석이나 전쟁처럼 많은 인원이 동원되는 장면이다. 한 사람이 1인2역을 하면 더블롤(double role)이다.

◀원샷
▶투샷
(출처: pixabay)

◀쓰리샷
▶그룹샷
(출처: pixabay)

◀몹씬
(출처: shutterstock)
▶더블롤
(출처: pixabay)

사람의 크기를 사람을 기준으로 샷을 구분하기도 한다. 익스트림 롱샷(extreme Long shot, ELS)은 사람이 거의 보이지 않는 풍경이나 도시의 모습처럼 영상에서 설정한 배경을 보여준다. 주로 영화의 시작이나 끝에 나오는 샷으로, 스토리가 전개되는 시간과 공간을 드러낸다. 사건이 일어나는 시기나 날씨 같은 시간과, 도시나 시골이나 바다 같은 장소를 보여준다. 높은 건물이나 산꼭대기처럼 높은 장소에서 찍거나, 항공촬영이나 드론촬영으로 원하는 효과를 더 부각할 수 있다.

롱샷(long shot, LS)은 대상과 적당히 먼 거리에서 장면 전체가 나오도록 촬영하기 때문에 사람이 화면에서 작은 비율로 나타난다. 사람과 사람이 있는 배경 요소에 많은 정보를 담고 있어, 특정 공간의 느낌을 표현할 때 많이 쓰인다. 스토리를 시작하기 전에 사건이 일어나는 시간과 공간의 정보를 전달하고 인물들의 배치나 주변 사물과의 관계를 보여준다.

◀ 익스트림롱샷
(출처: pixabay)
▶ 롱샷
(출처: shutterstock)

풀샷(full shot, FS)에서는 사람의 전체적인 모습이 보인다. 사람의 행동이나 상태를 보여주며 표정은 아직 드러나지 않는다. 입은 옷으로 그들의 외모나 스타일을 짐작할 수 있으며, 그 차림새와 주변 배경에서 직업이나 생활수준까지 파악할 수 있다.

니샷(knee shot, KS)은 사람의 머리부터 무릎 정도까지를 담는다. 미국 헐리우드에서 카우보이가 허리에 차고 있는 권총을 보여주기 위해 자주 사용했기 때문에 '카우보이샷', 또는 '아메리칸샷'이라고도 한다. 3명이 넘는 그룹샷을 찍을 때 자주 쓴다. 원샷은 키, 외모, 동작 같은 정보를 전달할 때 쓴다.

◀풀샷
▶니샷
(출처: pixabay)

웨이스트샷(waist shot, WS)은 머리부터 허리까지 담는다. 뉴스나 인터뷰에서 자주 쓰는 샷으로, 적당한 제스처와 팔의 움직임이 화면에서 잘리지 않기 때문에 정보를 전달하는 프로그램에서 사회자의 기본 화면으로 설정하기도 한다. 두 사람이 마주 서서 대화하는 장면에서 투샷으로 담을 때 좋다. 인물 주변의 공간이 넓어지기 때문에 배경을 잘 활용해야 한다.

버스트샷(bust shot, BS)은 머리부터 가슴까지 담는 삼각구도로 가장 안정적이다. 사람이 말을 할 때 주로 쓴다. 뉴스에서 인터뷰샷으로 많이 사용했지만 요즘은 자주 쓰지 않는다. 화면이 커지고 화면 아래에 다른 정보를 노출하면서 인터뷰샷은 웨이스트 샷으로 바뀌었다.

클로즈업(close-up, CU)은 사람의 얼굴 전체가 화면에 가득 찰 정도

로 가깝게 촬영하는 샷이다. 머리부터 어깨까지 담아 표정이 잘 드러나기 때문에 내면의 심리 상태가 얼굴로 표현되는 표정 연기에 좋다. 동작을 표현하기 위해 손이나 발을 따로 잡기도 한다.

익스트림클로스업(extreme close up, ECU)은 사람의 신체 일부를 극단적으로 가깝게 촬영한다. 등장인물의 눈, 코, 입 같은 특정 부위만 따로 찍어 극적인 장면을 연출하거나 긴장감을 줄 때 많이 쓴다. 눈동자의 움직임이나 눈동자에 비친 다른 상황을 연출할 수 있으며, 충격적인 다음 장면을 예고할 때 좋다.

이 밖에 다른 재미있는 샷도 많다. 매트샷(matte shot)은 서로 다른 두 샷을 하나로 결합해서 마치 하나로 촬영한 것처럼 보이는 영상을 창출한다. 주로 사람과 동물을 한 화면에 담는 것과 같은 특수효과를 만들 때 사용한다.

미니어처샷(miniature shots)은 실물 크기를 촬영하기 위해 연출 의도에 맞춰 매우 정교하게 축소한 모형을 찍은 것이다. 영상으로 보면 실물과 거의 구별되지 않는다. 예를 들면 거대한 공룡이 마을을 휩쓰는 장면을 연출하기 위해 마을을 미니어처로 만든 뒤, 공룡이 횡포를 부리거나 건물이 무너지는 영상을 결합하는 식이다.

보완샷(converging shots)은 기대했던 편집이 마음에 들지 않을 경우, 중간에 삽입하는 인서터샷으로 사용할 맥락을 제시하기 위한 샷이다. 도입부에 제시하는 롱샷이나 익스트림롱샷을 주로 쓴다.

◀ 매트샷
▶ 미니어처샷
(출처: pixabay)

보완샷
(출처: pixabay)

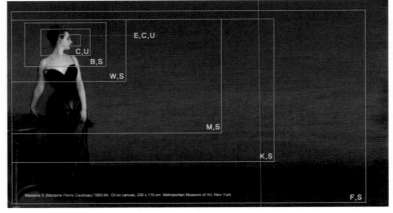

Madame X (Madame Pierre Gautreau) 1883-84. Oil on canvas, 209 x 110 cm. Metropolitan Museum of Art, New York

3.3. 풍경으로 영상을 구성하는 법

풍경 영상은 자연 경치와 장소를 주제로 촬영한 영상을 말한다. 산, 나무, 공원, 바다, 마을, 단풍, 해변, 명소 같은 주제로 가장 아름다운 공간을 영상으로 표현하는 것이다. 풍경 영상을 찍으려면 주제와 장소를 정하고 동선과 빛을 파악해야 한다. 가장 중요한 것은 장소다. 장소를 선택해야 원하는 계절을 잡고 날씨와 시간에 따라 바뀌는 빛의 양을 점검할 수 있다. 현장에서 발로 뛰어야 좋은 영상을 얻을 수 있는 것이다.

단순히 아름다운 풍경에 머물면 감흥이 떨어지기 쉽다. 일상 풍경이라도 지역의 문화, 주민의 생활, 자연과의 관계를 포착할 수 있어야 한다. 지역의 일상에서 묻어나는 풍습이나 생태를 주의 깊게 관찰하여 내면의 세계를 영상으로 담아내야 한다. 최근에는 풍경 그 자체의 시정(詩情)과 톤(tone)의 아름다움에서 벗어나려는 경향이 두드러진다. 풍경에서 신선한 조형미나 장엄한 자연을 표현하거나, 민속적·풍토적·사회적 안목에서 풍경을 다시 구성하거나, 풍경에서 연출자의 감정을 드러내려는 시도가 늘어나는 것이다.

풍경을 주제로 한 영상은 시선이 주로 머무는 피사체(focal point), 피사체를 받쳐주는 전경, 그 분위기, 길잡이선(leading line) 4가지 요소를 고려해야 한다. 영상 속에 있다고 가정한 길잡이선은 피사체를 이끌어주는 선이다. 시작점에서 끝점으로 사람의 시선을 이끌어 주제를 강조한다. 길잡이선은 입체감 있는 구도를 만들어 인상 깊은 영상을 남길 수 있다.

샷의 크기에 따라 풍경을 구성해보자.

길잡이선을 이용한 스티브 머큐리의 '올드 델리 기차역' (출처: streetphotography. timfoxphoto.com)

◀여러 산이 겹쳐 보이는
풍경. 익스트림롱샷
(출처: shutterstock)
▶산 하나의 꼭대기나
계곡의 모습을 보여주는
풍경. 롱샷
(출처: pixabay)

◀도로나 물길로 산이나
계곡의 상태를 알 수 있다.
미디엄샷
(출처: pixabay)
▶계곡의 폭포는 주변에
무엇이 있는가를 짐작케
한다. 미디엄클로즈업
(출처: pixabay)

폭포에서 흘러나온 물이
흐르는 개울로 주변을 설명한다.
클로즈업
(출처: pixabay)

3.4. 앵글로 영상을 구성하는 법

앵글(angle)은 카메라의 위치(각도)를 변경하여 촬영하는 것을 말한다. 영상 안에서 앵글은 스토리에 해설을 붙이거나 주석을 다는 역할을 한다. 앵글이 평범하면 감정을 섬세하게 표현하는 형식으로 쓰이고, 앵글이 극단적이면 뭔가 극적인 효과를 노리는 것이다. 앵글은 샷과 함께 콘텐츠에서 중요한 의미를 표현하는 수단이다.

하늘을 나는 새의 눈으로 아래로 내려다 보는 앵글이 버즈아이뷰샷(bird's eye view shot, BEV)이다. 저 높은 곳에서 신이 세상을 관망하듯이 공평하고 객관적인 느낌을 주기 위한 것이다. 영화나 드라마에서 첫 장면과 마지막 장면에서 설정샷(establishing shot)으로 자주 쓴다.

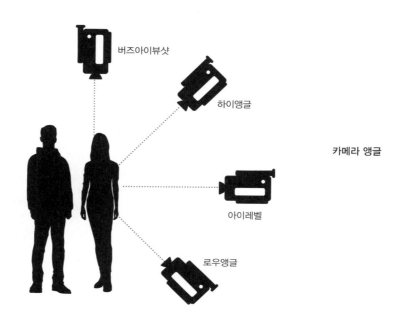

카메라 앵글

주로 헬기나 드론으로 촬영한다. 좁은 공간에서 하는 수직 촬영은 틀에 가두는 인상을 주어 우월, 경탄, 신비 같은 감정을 느끼게 만든다.

하이앵글샷(high angle shot, HA)은 위에서 아래로 내려다 보며 촬영하는 것이다. 편안하게 넓은 시야로 감상할 수 있으며 사람보다 배경을 중시하는 앵글이다. 등장인물의 절망, 패배, 좌절, 상실, 왜소, 위축 같은 느낌을 표현하거나 주도권을 뺏긴 분위기를 암시하는 데 적합하다. 아이레벨샷(eye level shot, EL)은 사람의 눈높이에서 촬영한 샷이다. 우리 눈높이로 바라보는 세상을 표현하며 특정한 의도를 가지지 않는다. 어떤 스토리든 스스로 판단할 수 있도록 화면에 객관적이고 사실적인 안정감을 제공한다.

로앵글샷(low angle shot, LA)은 하이앵글과 반대로 아래에서 위로 바라보며 촬영한다. 느낌도 그 반대다. 등장인물의 우월, 강인, 위압 같은 카리스마적인 효과를 내는 데 좋다. 키가 작은 사람을 크게 보이게할 때도 필요하다. 움직이는 속도가 빨라 보여 이동이나 폭력 같은장면을 보여줄 때 자주 사용하고 혼란스러운 느낌을 잘 드러낸다. 심리적인 면에서 피사체의 중요성을 강조하기 때문에 관객에게 경외심을 불러 일으키는 선전영화나 영웅주의를 묘사하는 장면에 쓰인다. 등장인물이 화면에 불쑥 나타나면 불안하고 지배당하는 느낌을갖게 만든다. 광각으로 찍으면 효과가 더 극적이다. 익스트림 로앵글샷(extreme low angle shot. ELA)은 로앵글보다 더 극단적으로 아래에서 위로 거의 수직으로 올려 보면서 촬영하는 샷이다. 버티컬앵글샷(vertical angle shot)은 수직 아래로 내려다보는 샷이다. 인물을 촬영할 때 오버헤드샷(overhead shot)이라고도 한다.

◀**하이앵글샷**
(출처: 〈미션 임파서블: 고스트 프로토콜〉)
▶**아이레벨샷**
(출처: 〈재심〉)

◀**로앵글샷**
(출처: 〈어벤져스〉)
▶**익스트림 로앵글샷**
(출처: 〈스파이더맨 2〉)

더치앵글샷(dutch angle Shot)은 앵글을 약간 비틀어 기울어지게 촬영하기 때문에 사각앵글(oblique angle)이라고도 불린다. 전쟁, 폭동, 재난처럼 혼란스러운 상황에서 카메라를 손에 들고 찍는 헨드헬드(handheld) 촬영과 함께 유용하게 쓰이며, 긴장, 변화 불안 등 긴박한 움직임을 암시한다. 높은 곳에 등반하는 사람을 담을 때 쓰면 각도를 기울여 더 경사진 곳을 오르는 것처럼 보이게 할 수 있다. 오버숄더샷(over the shoulder shot, OSS)은 사람의 어깨나 등 너머로 다른 인물이나 대상을 촬영하는 것이다. 주로 두 사람이 서로 마주보고 대화할 때 한 사람의 어깨 너머로 다른 사람의 얼굴이 보이게 찍는다. 누구를 보는지

시선을 정확하게 잡을 수 있어 두 사람 간의 유대감과 친근감을 드러낼 때 자주 쓴다.

　리버스앵글샷(reverse angle shot)은 오버숄더샷과 함께 사용한다. 두 사람이 대화하는 장면을 카메라 두 대로 찍을 때 한 사람(A)의 어깨 너머로 다른 사람(B)을 찍은 뒤, 샷의 크기를 조금 바꿔 B의 어깨 너머로 A의 얼굴을 찍는 것이다. 두 사람의 위치나 행동이 어색하지 않고 자연스럽게 나타난다.

3.5. 카메라워킹으로 영상을 구성하는 법

　카메라워킹(camera working)은 표현에 더 집중하기 위해 상황에 맞춰 촬영하는 방법을 말한다. 자주 사용하면 오히려 산만해져 집중력을 떨어뜨릴 수 있기 때문에 절제해서 사용하는 게 좋다. 카메라워킹은 영상의 성격과 분위기와 어울려야 그 효과를 부각할 수 있다.

　카메라를 고정해놓고 왼쪽에서 오른쪽이나, 그 반대 방향으로 수평 이동하면서 촬영하는 방법을 패닝(panning)이라고 한다. 오른쪽으로 하는 패닝은 right panning, 왼쪽으로 하는 패닝은 left panning이다.

◀움직이는 피사체를
따라갈 때 사용하는 패닝
▶방향에 따라
right/left 패닝

긴 공간을 보여줄 때
사용하는 패닝

수평으로 이동하면서 그 만큼 긴 공간을 보여주거나, 수평으로 움직이는 피사체를 따라갈 때 사용한다. 패닝은 공간과 공간을 이어주거나, 인물과 인물을 이어주거나, 공간과 사람을 이어주며, 과거나 미래로 가는 시간의 흐름을 나타내기도 한다. 각도는 보통 90도에서 120도가 안정적이지만, 상황에 따라 더 짧거나 360도까지 돌리기도 한다. 360도 패닝은 주로 시간과 공간을 훌쩍 뛰어넘는 샷으로 쓰인다. 특히 망원렌즈로 순간적으로 빠르게 지나가는 패닝은 화면이 뿌예지는 효과 덕에 다른 장소에서 일어난 사건으로 이어지는 장면 전환의 목적으로 쓰기도 한다.

패닝이 수평으로 움직인다면 틸팅(tilting)은 수직으로 움직인다. 카메라를 고정해놓고 위에서 아래로 또는 아래에서 위로 촬영한다. 아래에서 위로 찍으면 tilt-up, 위에서 아래로 찍으면 tilt-down이다. 높

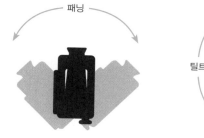
패닝

틸트

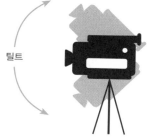

패닝과 틸트.

◀높이를 강조할 때
틸트업을 쓴다.
▶건물 등의 구체적인
정보는 틸트다운을 쓴다.
(출처: pixabay)

은 탑이나 건물, 거대한 폭포처럼 너무 높아서 한 화면에 담을 수 없
는 영상을 보여줄 때 사용한다. 높이를 강조할 때는 틸트업을 쓰고,
건물이나 회사의 이름 같은 구체적인 정보는 틸트다운을 구사한다. 새
나 비행기처럼 움직이는 피사체를 따라가며 촬영할 때 쓰기도 한다.

카메라를 손에 들고 움직이면 흔들리지만, 레일이나 바퀴가 달린
장치에 고정하고 움직이면 안정된 영상을 얻을 수 있다. 달리(dolly)다.
대상을 향해 앞으로 다가가면 dolly in, 뒤로 빠지면 dolly out이고, 좌
우로 움직이면 crap dolly다. 달리의 특징은 카메라를 이동해도 흔들림
없이 부드럽게 촬영할 수 있다는 것이다. 카메라를 고정해놓고 초점

달리
(출처: wikimedia)

거리를 당기거나 미는 줌인(zoom in)이나 줌아웃(zoom out)과 달리, 달리
는 카메라가 직접 이동한다는 것이다. 카메라를 빠르게 움직이면 긴
장감을 줄 수 있고, 느리게 움직이면 서서히 몰입할 수 있게 만들 수
있다.

움직이는 대상을 그대로 따라 카메라가 이동하면 팔로우샷(follow
Shot)이다. 어떤 사람을 미행하거나 추격하는 장면에 많이 사용한다.
반대로 움직이는 사람 앞에서 카메라가 먼저 이동하면 리딩샷(leading
shot)이다. 걸어가는 사람의 표정이나 몸짓을 보여주는 데 필요한 샷
이다.

카메라가 수직으로 오르내리면서 찍으면 페디스털샷(pedestal shot)이
다. 틸팅샷은 카메라를 고정해놓고 헤드를 위아래로 이동하지만, 페
디스털샷은 받침대(pedestal) 높이를 조절하여 카메라 자체를 위아래

로 이동시킨다. 예를 들면 지미집(Jimmy Jib) 같은 카메라 크레인을 타고 건물 1층에서 지하로 내려오면서 촬영하는 것을 말한다. 카메라가 수평 이동하면서 찍으면 트러킹샷(trucking Shot)이다. 대개 트럭을 타고 찍기 때문이다. 트러킹샷과 이름이 비슷한 트래킹샷(tracking Shot)은 달리샷과 팔로우샷을 합친 것이라 보면 된다. 카메라를 트랙 위에 올려놓고 피사체와 거리를 유지하며 앞뒤 양 옆으로 움직이면서 찍는다. 대상이 움직이는 방향에 따라 트랙인 트랙아웃 한다.

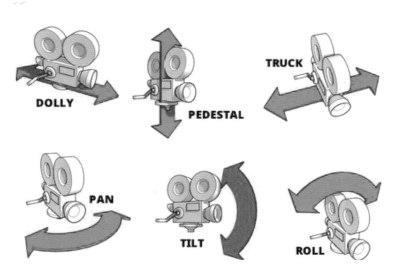

각종 샷의 비교

지미집을 이용한 촬영
지미집을 이용한 촬영
(출처: shutterstock)

에어리얼샷(aerial shot)은 말 그대로 공중에서 찍는 것이다. 주로 헬리콥터나 드론으로 찍으며, 설정샷에 많이 사용한다. 카메라가 피사체를 중심에 두고 원을 그리면서 도는 것을 아크샷(arc shot) 또는 360도 롤샷(roll shot)이라 부른다. 오른쪽으로 돌면 아크라이트(arc right), 왼쪽으로 돌면 아크레프트(arc left)다. 일반적으로 아크샷은 반원 이내에서 움직이지만, 피사체를 앞에 두고 130도 정도 돌거나 피사체의 뒷모습을 보여주기 위해 뒤에서 130도 정도 돌기도 한다. 때에 따라 360도 아크를 쓰기도 한다. 이럴 경우 피사체 주변에 레일을 깔거나 스테디캠을 사용한다. 아크샷과 반대로 카메라를 중심으로 사람이 도는 것을 로테이트샷(rotate shot)이라 한다. 스테디캠(steady cam)은 계단을 오르는 장면처럼 레일이나 바퀴 달린 이동차를 설치할 수 없을 때 부드럽게 촬영할 수 있도록 개발한 카메라다.

핸드헬드샷(hand held shot)은 아무런 고정 장치 없이 카메라를 손으로 들고 촬영하는 것을 말한다. 찍을 때 생기는 자연스러운 흔들림을 그대로 나타내 긴장감을 주고 싶을 때 주로 사용한다. 전투나 지진, 화재 같은 재난에서 현장의 급박한 상황을 카메라의 주관적인 시각으로 전달할 때 많이 쓴다. 카메라가 주인공의 눈이 되어 바라보는 것이 포인트오브뷰샷(point of view shot, POV)이다. 중요한 뭔가를 발견하거나 염탐할 때 쓰기 때문에 '시점샷'이라고도 한다.

마스터샷(master shot)은 한 장면에서 6하원칙의 요소들을 대부분 보

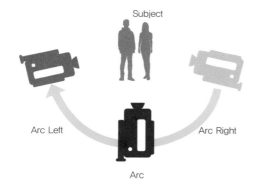

◀아크샷
▶드론을 이용한 에어리얼샷

핸드핼드샷에 의한 촬영
(출처: 〈라이언 일병 구하기〉)

여준다. 누가, 언제, 어디서, 무엇을 하는지, 공간, 시간, 인물 같은 구성을 롱테이크(long take)로 잡아낸다. 한 장면 전체를 한 번에 촬영하여 묘사한다고 해서 마스터신(master scene)이라고도 한다. 배경과 함께 인물을 다 드러나게 촬영해야 하기 때문에 보통 롱샷으로 찍는다. 마스터샷 하나만으로 구체적으로 설명하기 어려울 경우, 카메라를 더 동원해서 삼중촬영(triple take)으로 클로즈업, 미디엄샷 등을 동시 혹은 따로 촬영해서 보완한다. 마스터샷을 보완하는 샷을 커버리지샷(coverage shot)이라고 한다.

한 장면을 시작하기 전에 스토리가 어디부터 시작되는지 알려주는 것이 설정샷(establishing shot)이다. 예를 들어 할리우드 액션 영화를 시작할 때 높은 건물이 즐비한 뉴욕의 도심이 공중샷으로 나온 뒤 어느 사무실이나 경찰서로 옮겨 스토리가 시작되는데, 이때 도심의 전경을 담은 것이 설정샷이다.

카메라워킹은 분명한 이유가 있어야 한다. 한 프레임에서 원하는

설정샷의 한 예
(출처: pixabay)

것을 보여줄 수 없을 때 워킹이 필요하다. 피사체를 수평이나 수직으로 화면 전체에 표현할 수 없을 때나 구도를 바꾸고 싶을 때 사용한다. 불필요한 워킹은 제작자가 의도한 것을 제대로 보도록 이끌지 못해 오히려 영상이 산만해지고 불안하게 만들 뿐이다.

3.6. 구도를 멋지게 잡는 법 1

구도는 영상을 표현하는 데 매우 중요한 요소다. 말하고 싶은 주제를 효과적으로 드러내기 위해 피사체를 어떻게 표현하고 주변 요소를 어떻게 배치할 것인가 하는 것이다. 화면을 조화롭게 정리하고, 필요 없는 부분을 과감하게 제거한다. 좋은 구도는 단순하다. 전체적으로 균형을 유지하면서 원하는 부분으로 시선이 자연스럽게 흐르도록 도와준다. 구도를 결정하는 것은 점, 선, 면 그리고 명암이나 색채 같은 요소를 들 수 있다. 원하는 주제를 드러내기 위해 이들 요소를 잘 배치해서 멋진 영상을 만들어내는 것이다. 다시 말해 멋진 장면을 만들고 싶다면 주제를 맞춘 구도로 촬영해야 한다. 적절한 앵글과 카메라워킹으로 주제를 잘 드러내야 좋은 영상을 만들어낼 수 있다.

'아프간 소녀'로 유명한 세계적인 사진작가인 스티브 맥커리(Steve McCurry)가 제시하는 '구도 9가지 법칙'을 보자. 그 첫째가 ① '3등분의 법칙'(rule of thirds)이다. 프레임을 가로 세로 각각 3등분하고, 각 교차점에 포인트를 두는 방법이다. 강조하고 싶은 요소를 3등분 선이나 점에 교차점을 두면 매우 안정적인 구도를 연출할 수 있다. ② 리

딩라인(leading line)은 시선을 한 점에서 다른 점으로, 때로는 사진 밖
으로 이끄는 선을 말한다. 자연스러운 선을 따라 시선을 끌어 들이
는 것이다.

③ 수평이나 수직이 아닌 기울어진 사선(diagonals)은 큰 움직임을
만들어낸다. 사선을 활용하면 시각적인 역동성을 살릴 수 있다. ④
문이나 창틀 같은 자연스러운 프레임은 사진 프레임 속에서 다른 프
레임을 만들어준다(framing).

⑤ 주제와 배경을 명확하게 대비시키면 풍부한 느낌과 주제를 잘
부각할 수 있다(figure to ground). 피사체의 중심과 그 배경이 극명하게
잘 대비되는 지점을 찾아야 한다. ⑥ 피사체를 화면 가득 채우면 표
현하고 싶은 주제를 잘 드러낼 수 있다(fill the frame). 피사체와 가까워
지는 만큼 주제를 더 잘 부각할 수 있는 것이다.

◀주제와 배경 대비
▶피사체 채우기
(출처: Steve McCurry)

⑦ 사람을 찍을 때 두 눈 가운데 핵심 메시지를 전달하는 '눈'을 프레임 한가운데 배치하면 그 눈이 나를 보는 듯한 인상을 강하게 받게 된다. 지배적인 눈을 중심선에 두는 것이다(center dominant eye).

눈을 프레임 중앙에 배치
(출처: Steve McCurry)

⑧ 비슷한 패턴을 반복하면 아름답고 신비한 이미지를 연출할 수 있다(patterns & repetition). 하지만 이 패턴을 벗어나면 아름다움을 넘어서는 절묘한 영상이 만들어진다.

비슷한 패턴의 반복과 일탈
(출처: Steve McCurry)

⑨ 대칭은 눈을 편안하고 안정적인 느낌을 준다(symmetry). 좌우 또는 상하 대칭이나 그림자 대칭은 시선을 끌어들이기에 충분하다.

영상 구도의 법칙을 9가지나 제시했지만, 스티브 맥커리는 자신이 만든 구도의 틀조차 깨고 싶어 했다. "구도는 중요하지만, 법칙은 깨지라고 있는 겁니다. 핵심은, 사진을 찍는 일을 즐기는 것, 그리고 자기만의 방식으로 사진을 찍는 겁니다."

3.7. 구도를 멋지게 잡는 법 2

사진을 찍을 때 좋은 구도를 잡는 법은 정리된 것도 있지만 대개 전문가의 경험에 따르게 마련이다. 스티브 맥커리의 법칙과 비슷하지만, 전해오는 10가지 규칙을 살펴보자.

① 삼분할법(황금분할)

프레임 속에 가상으로 두 수직선과 두 수평선을 그어보자. 강조하고 싶은 요소를 이 선을 따라 또는 선이 만나는 점에 배치하는 삼분할법은 균형과 흥미를 더하기 때문에 '황금분할'이라고도 한다. 스마트폰 카메라 설정에서 수직/수평 안내선을 누르면 화면에 삼분할 눈금이 나타난다.

② 균형 요소

주제를 중심에서 벗어나게 배치하면 삼분할법처럼 재미있는 장면이 나오지만, 공백이 생겼다고 느낄 수도 있다. 공간을 채우는 데 중요하지 않은 다른 물체를 포함시켜 '무게'의 균형을 유지한다.

③ 이끄는 선(leading line)

　사진을 볼 때 눈은 자연스럽게 선을 따라간다. 선을 잘 배치하면 장면 속으로 시선을 끌어들일 수 있다. 직선, 대각선, 곡선, 지그재그, 방사형 같은 다양한 선을 활용하면 장면 속의 공간을 따라잡는 시선의 여행을 즐기게 할 수 있다.

④ 대칭과 패턴

　대칭과 패턴은 사람이 자연스럽게 만든 것에 잘 드러난다. 하지만 대칭이나 패턴을 절묘하게 깨뜨리면 긴장과 집중의 효과를 노릴 수도 있다.

◀리딩 라인 ▶대칭과 패턴
(출처: flickr.com)

⑤ 관점(viewpoint)

　찍기 전에 찍을 위치를 생각해보자. 관점은 구성에 엄청난 영향을 미치기 때문에 사진이 전달하는 메시지에 큰 영향을 준다. 눈높이 촬영부터 높은 곳이나 낮은 곳에서 찍거나, 앞이 아니라 옆이나 뒤에서 찍거나, 가까이 또는 멀리 떨어져 찍는 다양한 위치와 관점을 찾아보자.

높은 곳에서 찍기
(출처: flickr.com)

⑥ 배경

　피사체가 어울리지 않는 배경에 섞이면 아무리 멋진 장면이라도 결과가 제대로 나오지 않아 실망스러울 때가 많다. 우리 눈은 장면의 여러 요소를 뚜렷하게 구별하지만, 카메라는 전경과 배경을 평평하게 만들어버리기 때문에 종종 훌륭한 사진을 망칠 수 있다. 고맙게도 이 문제는 사진을 찍을 때 해결할 수 있다. 평범하고 눈에 거슬리지 않는 배경을 찾아 피사체를 흐트러뜨리지 않도록 구도를 잡아야 한다.

평범한 배경
(출처: flickr.com)

⑦ **깊이**

사진은 2차원 매체이기 때문에 현장에서 보는 깊이감(거리감)을 잘 전달하는 방법을 찾아야 한다. 전면과 중간과 배경에 어떤 물체를 포함시켜 깊이감을 만들 수 있다. 일부러 어떤 물체를 다른 것으로 살짝 가리는 오버래핑(overlapping)도 괜찮은 방법이다. 우리 눈은 이런 레이어를 자연스럽게 인식하고 깊이 있는 이미지로 받아들이게 된다.

⑧ 구성

우리 주변은 나무, 아치, 포물선 같은 완벽한 자연 프레임을 만드는 개체로 가득 차 있다. 이런 요소들을 가장자리에 두면 대상을 다른 세계로부터 살짝 떼어낼 수 있다. 그 결과 자연스럽게 시선을 끌어 집중하기 쉬운 이미지를 만들 수 있다.

⑨ 자르기

피사체가 작게 나오면 주변에 묻혀 표현하고 싶은 주제가 잘 드러나지 않는다. 피사체 주위를 적당히 잘라내면 배경 '노이즈'가 줄어들어 시선을 끌 수 있다.

**자연의 프레임을
이용한 시선 집중**
(출처: flickr.com)

**배경 삭제에 의한
시선 집중**
(출처: flickr.com)

⑩ 실험

디지털 사진으로 필름 작업에 드는 비용과 노력에 대해 걱정할 필요가 없어지면서, 사진 구성을 여러 방법으로 실험할 수 있게 됐다. 얼마든지 충분히 촬영해보고 불필요한 것들을 삭제해보면서 참신한 구도를 실험해보자. 시도해봐야 알 수 있다.

구성의 실험
(출처: flickr.com)

3.8. 동영상 구도를 멋지게 잡는 법 3

동영상 구도를 잡을 때는 선을 중심으로 하는 게 좋다.

① 삼각형 구도

산이나 피라미드가 떠오르는 구도다. 안정감과 균형감을 표현하기

위해 피사체가 가운데 자리잡은 상태에서 삼각형을 그렸을 때 보이
는 구도다. 산이나 건물이나 나무 또는 사람을 여권사진처럼 상반신
을 촬영할 때 주로 쓴다.

② 대각선(사선) 구도

일반적인 대각선 방향으로 촬영하는 구도다. 대각선 'X'자나 슬래
시 '/'처럼 나타나는 구도는 원근감을 잘 표현하기 때문에 풍경사진
에서 주로 쓴다. 선으로 정확하게 나눠지기 때문에 상당히 안정적인
구도다. 선에 따라 움직임이나 긴장감을 주는 구도로 사용하기도 한
다. 대각선이 만나는 부분에서 시선이 집중되는 효과가 나타난다. 사
선은 방향감, 속도감, 운동감으로 피사체를 새로운 시각으로 바라볼
수 있게 해준다.

③ 역삼각형 구도

삼각형이 거꾸로 선 듯한 이 구도는 당장 쓰러질 듯 불안하고 역동적인 느낌을 준다. 위쪽으로 열려 퍼져나가거나 솟구치는 느낌이다. 인물이나 상품 영상에서 많이 사용된다.

④ 수평선 구도

지평선이 보이는 넓은 풍경을 촬영할 때 많이 사용한다. 조용하고 안정되고 온화한 분위기를 만드는데, 수평선의 위치에 따라 느낌이 달라진다. 수평이 맞지 않으면 이상한 느낌을 주기 때문에 그리드 라

◀'X'자 구도
▶슬레시(/) 구도
(출처: pixabay)

역삼각형 구도
(출처: pixabay)

인 표시를 'on'으로 설정하고 수평, 수직선을 따라 구도를 맞추면 된다. 수평선 구도에서 일정한 패턴을 보이는 피사체를 촬영하면 리듬감과 균형미가 돋보인다.

⑤ 수직선 구조

높은 나무나 건물을 찍거나 긴장감, 엄숙함, 상승감을 주고 싶을 때 사용하는 구도다. 실제로 본 것보다 더 크다는 느낌이 들고 피사체에 따라 위압감이 느껴지기도 한다. 수직선은 균형을 잘 이루기 때문에 화면을 분할하는 데 적합하다. 단조롭고 식상할 수 있어 피사체를 잘 선택해야 한다.

⑥ 곡선 구도(S자형 구도)

풍경 사진에서 주로 사용하는 구도다. 곡선을 따라 시선이 이동하기 때문에 자연스럽고 부드러우며 세련된 아름다움이 잘 드러난다. 곡선의 먼 부분이 소실점으로 점점 작아져 보이기 때문에 원근감도 잘 나타난다. 실제로 S자 구도가 만들어지는 환경을 만나기는 그리 쉽지 않다. 대신 C자나 L자 구도로도 비슷한 효과를 줄 수 있다. 도로나 해안선, 꼬불꼬불 길게 늘어선 인파를 찍을 때 좋다.

⑦ 대칭 구도(1/2 구도)

화면을 반으로 나누는 구도로, 데칼코마니처럼 좌우나 상하가 대칭되는 영상이다. 수평선이나 수직선을 잘라 표현하거나 화면을 반으로 나누어서 다른 느낌을 전달하는 경우 효과적이다. 반대쪽에

수평선 구도
(출처: pixabay)

수직선 구도
(출처: pixabay)

'S'자 구도
(출처: pixabay)

눈길을 끌만한 요소를 주면 효과가 좋다. 자주 사용되지는 않지만, 주제를 구분하여 표현하거나 특별한 의도를 전달할 목적으로 쓴다. 상하 대칭보다 좌우 대칭이 단조로울 수 있다.

⑧ 터널 구도(액자 구도)

터널 구도는 어두운 주변에 주제가 되는 피사체만 밝아 터널에서 보는 것처럼 피사체에 시선이 집중되어 평온한 느낌을 준다. 창밖이나 창 안의 풍경을 담을 때 창틀이 액자처럼 사진틀이 되면서 멋진 액자 구도가 생긴다.

⑨ 패턴 구도

패턴의 재미와 구성미를 강조하고 싶을 때 쓴다. 일정한 형태의 점이나 모양으로 구성된 피사체의 조형미를 표현할 수 있어 작품 영상에 많이 사용하는 도구다. 예를 들어 규칙적으로 잘 배열된 바둑판 구조는 구성미와 조형미가 뛰어나다.

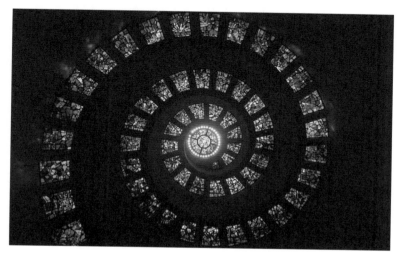

동영상을 찍으면서 구도에만 집중하면 오히려 영상을 망칠 수 있다. 정지된 픽스샷(fix shot)에서는 원하는 구도로 촬영할 수 있지만, 동영상은 피사체나 카메라가 움직이기 때문에 처음에 생각했던 구도가 계속 이어지지 않는다. 이럴 때는 피사체를 따라가면서 새로운 구도를 계속 만들어가는 게 효과적이다. 구도가 무너지면 피사체를 돋보이게 하는 촬영자의 생각과 경험으로 개성 있는 영상을 만들어가는 게 낫다. 다시 말해 현장에서는 구도보다는 영상의 흐름에 맞는 개성과 카메라워킹이 중요하다.

3.9. 카메라 포지션으로 영상을 구성하는 법

앵글이 카메라의 높낮이라면, 포지션은 카메라의 좌우 위치를 말한다. 카메라 포지션에 따라 강조하려는 대상이 달라지기 때문에, 포지션을 잡을 때는 피사체의 형태나 크기, 조명, 전경과 배경을 꼼꼼하게 살펴야 한다. 피사체의 어떤 점이 흥미를 끄는지, 그 흥미 포인트를 잡아낼 수 있는 지점이 좋은 포지션이다. 같은 위치에서 카메라를 좌우로 약간만 움직여도 전경과 배경의 관계가 달라진다. 불필요한 내용이 화면에 들어오지 않도록 전후좌우로 움직이면서 가장 적당한 위치를 찾아야 한다. 카메라 포지션을 결정할 때는 앵글이나 이동에 따른 화면의 변화를 입체적으로 고려해야 한다. 포지션을 잘못 잡으면 다른 피사체가 부각되면서 주제가 달라져 주연과 조연이 바뀌는 상황이 되기 쉽다.

사람을 찍을 때는 화면의 가로세로 비율 뿐 아니라 화면의 공간을 이용해서 원하는 주제나 느낌을 표현할 수 있어야 한다. 화면에 보이는 빈 공간의 위치에 따라 헤드룸(head room), 룩킹룸(looking room), 리드룸(lead room) 3가지로 나뉜다. 빈 공간의 크기나 위치에 따라 영상을 해석하는 느낌이 달라질 수 있고, 지나치면 어색하거나 불편한 느낌까지 주기도 한다.

헤드룸은 피사체의 머리 위와 화면 프레임 천정 사이에 있는 공간이다. 간격이 좁으면 머리가 천정에 붙어 있는 것처럼 답답해 보이고, 넓으면 화면 아래가 무거워 왜소해진다. 헤드룸이 적당해야 화면이 편안해 보이는 것이다. 룩킹룸은 피사체가 보는 시선 방향의 공간이다. 어떤 한 방향을 볼 때, 그 방향에 여백을 적당히 둬야 화면의

너무 적은 헤드룸

너무 많은 헤드룸

적당한 헤드룸

비정상적인 노즈룸

정상적인 노즈룸

균형이 맞다. 이 간격이 좁으면 갑갑해 보이고 넓으면 한가해 보인다. 룩킹룸이 좁으면 화면 끝 부분에서 저지당하는 것처럼 답답하고 곧 궂은 일이 생길 것 같은 느낌을 준다. 불안하거나 답답한 상황을 나타내기 위해 일부러 룩킹룸을 좁히기도 한다.

◀헤드룸과 룩킹룸이 너무 좁아 답답하고 초조한 느낌을 준다
▶적절한 헤드룸과 노즈룸으로 편안하고 매혹적인 이미지
(출처: pikrepo.com)

최근에는 헤드룸과 룩킹룸은 물론 황금분할 구도까지 깬 화면 구성이 많아지고 있다. 예전에는 불안해 보인다고 하여 싫어했던 구도가 시대의 흐름에 따라 극적인 효과를 끌어내기도 한다. 특히 최근 자막이 많아지면서 자막과 어울리는 공간 구성이 필요해졌다.

틀을 깬 헤드룸

구도에 있어 검증된 이론의 바탕 위에 표현하려는 주제와 느낌을 충분히 고민해서 효과적인 방법을 찾는다면, 바로 그것이 좋은 구도이며 개성 있는 화면 구성이 될 수 있다.

리드룸은 움직이는 대상이 진행하는 방향 앞쪽의 공간이다. 리드룸이 넓으면 계속 이동할 수 있다는 느낌을, 좁으면 멀리 가지 못할 것이라는 느낌을 준다. 걷는 장면이나 자동차가 달리는 장면, 또는 운동경기 장면에서 리드룸이 중요한 역할을 한다. 어떤 방향을 쳐다보면 룩킹룸이고, 어떤 방향을 가리키거나 그 쪽으로 움직이면 리드룸이다.

▲ 리드룸이 넓으면 붙잡히지 않고 멀리 갈 것 같은 느낌을 준다. ▼리드룸이 좁으면 곧 붙잡힐 것이라는 느낌을 준다. (출처: pxhere.com)

적당한 풋룸
(출처: pixabay)

머리 위에 헤드룸이 필요하듯, 발이 보이면 **풋룸**(foot room)이 필요하다. 발끝과 프레임 바닥의 거리, 풋룸은 헤드룸의 절반 정도가 좋다.

3.10. 조명으로 좋은 영상 얻는 법

조명은 빛으로 그림을 그리는 작업이다. 눈으로 사물을 볼 때 빛이 필요한 것처럼, 카메라도 빛이 없으면 제 기능을 하지 못한다. 밤이나 실내에서 사진을 찍어보자. 눈으로는 잘 보이는 장면도 카메라로 찍으면 어둡게 나온다. 카메라에 영상을 담는 데 필요한 빛이 부족하기 때문이다.

조명에 따라 영상의 분위기가 달라진다. 조명이 밝으면 피사체도 밝은 이미지로 나온다. 공포 영상을 찍으려면 얼굴에는 푸른 조명을 넣고 역광으로 강한 빛을 비추거나 아래에서 위로 빛을 비추면 섬뜩한 느낌을 연출할 수 있다.

조명의 목적은 카메라로 좋은 영상을 얻는 것이다. 조명의 5가지 조건을 살펴보자.

① 조도(照度)

노출을 조절하는 밝기를 말하며, 세트, 의상, 소도구 따위와 함께 시대나 환경을 설명한다. 예를 들어 맑음, 비, 폭풍, 섬광, 화재 같은 장면이나 달밤의 정서를 사실적으로 묘사하며 배우의 행동과 표정을 알기 쉽게 보여줄 수 있다.

② 그림자(陰影)

모두 밝기만 하면 포인트가 없다. 선명하고 강한 빛은 짙은 그림자를 드리우게 마련이다. 그림자는 윤곽을 뚜렷하게 드러내고 질감이 느껴지게 한다. 그림자가 입체감을 주며 명암의 아름다운 농담(濃淡)을 만들어내는 것이다.

③ 빛의 방향

빛의 방향은 조도와 더불어 계절이나 시간 같은 자연광선의 효과를 암시한다. 얼굴 표정도 빛의 방향을 조절하여 선명한 정도를 조절하거나 심리를 표현할 수 있다.

④ 빛의 배분(配分)

밝은 부분과 어두운 부분에 빛을 적절하게 배분하면 콘트라스트(contrast)가 잘 어울리는 영상을 얻을 수 있다.

⑤ 색채

파랑 계통의 색광은 차가운 느낌을 주며, 빨강 계통의 색광은 따스한 기분을 준다. 색온도에서 구체적으로 다룬다.

조명도 스타일이 있다. 하이키(high key)는 밝은 빛으로 그림자가 거의 없게 만드는 것이다. 주로 밝은 느낌의 코미디나 액션 영화에서 사용한다. 로우키(low key)는 어두운 조명으로 그늘진 듯한 분위기를 만든다. 으스스하거나 섬뜩한 분위기의 공포나 스릴러 장르에서 주로 쓰인다.

조명의 스타일
(출처: pixabay)

조명은 위치나 높이, 그리고 다른 조명을 더하거나 빼는 데 따라 효과가 달라진다. 설치 위치에 따라 키라이트, 백라이트, 필라이트로 이뤄지는 3점 조명(three point lighting)으로 설명할 수 있다. 트라이앵글 조명이라고도 하는 3점 조명은 주로 인물을 조명하기 위해 사용하는 기법으로, 사진이나 영화, 컴퓨터그래픽에 두루 쓰인다.

가장 중요한 광원인 키라이트(key light)는 영상의 극적 대비를 만들어낸다. 키라이트는 인물의 좌우 45도, 위쪽 45도에 두는 게 좋다. 피사체를 뒤에서 비추는 백라이트(back light)는 인물과 배경을 분리해서

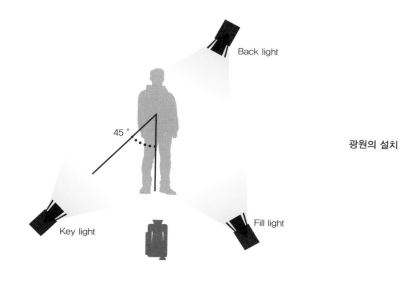

Back light

45°

Key light

Fill light

광원의 설치

입체감을 만든다. 키라이트 옆에서 반사판으로 약하게 빛을 내는 필라이트(fill light)는 키라이트를 부드럽게 하는 역할을 한다. 이 세 광원이 사물을 입체적으로 표현하는 조명 연출의 기본이다. 조명은 상황에 따라 느낌이 달라질 수 있기 때문에 현장에서 실용적으로 설치하는 게 최고다.

야외에서 촬영하면 태양광이 키라이트다. 카메라와 같은 방향에서 비추는 순광(純光)은 가장 무난하고 안정적인 빛이다. 피사체가 빛을 바라보기 때문에 평면적인 느낌이 든다. 가장 역동적인 빛이 역광(逆光)이다. 피사체 뒤에서 빛이 나오기 때문에 배경이 밝은 반면 인물은 어둡게 나온다. 사광(斜光) 또는 측광(測光)은 역광에서 좌우로 30~45도 움직인 반역광으로 아웃라인을 만들기 때문에 인물의 옷이나 머리카락의 그림자와 하이라이트가 풍부해 콘트라스트가 크게 나타난다.

순광
(출처: pixabay)

역광이지만 석양에 태양이
많이 기운 상태여서 들판의
노란 밀밭과 수도승도 중간
노출로 영상이 촬영되었다.
스마트폰으로 촬영할 경우
카메라 좌측 부분의 노출을
조정하지 않는 한 중간
노출의 영상으로 촬영된다.
(출처: pixabay)

노출이 석양에 맞추어져
있어 사람은 역광으로
실루엣으로 촬영된
영상이다.
(출처: shutterstock)

사광
(출처: shutterstock)

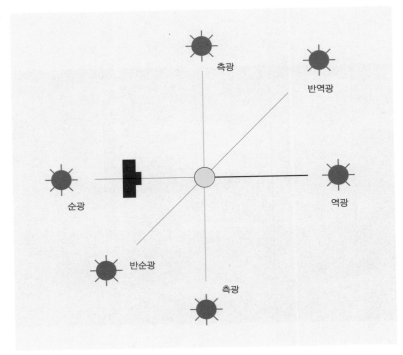

아침에 보는 일출과 저녁에 보는 일몰의 붉은 색은 어떻게 다를
까? 같은 물체를 보더라도 어떤 색 아래에서 보느냐에 따라 느낌
이 달라진다. 이에 등장한 것이 색을 온도로 나타내는 색온도(color
temperature)다. 온도가 높은 물체에서 복사된 빛의 색을 측정한 온도
다. 색을 온도로 잴 수는 없지만, 빛의 색이 온도에 따라 다르게 보
이는 것에 착안한 것이다. 단위는 절대온도 K(kelvin)를 쓴다. 색온도
가 높아지면 빨강에서 주황, 노랑, 하양, 파랑의 순으로 광원의 색이
바뀐다. 자연광이나 형광등은 푸른색, 백열등은 붉은색, 해질녘에는
붉은색이 나타난다. 광원의 기준은 태양광(5500K)이다.

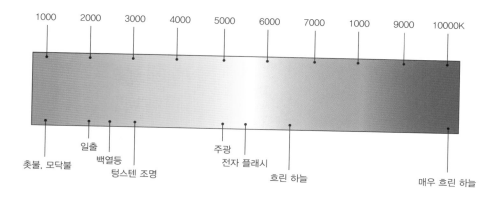

| 1000 | 2000 | 3000 | 4000 | 5000 | 6000 | 7000 | 1000 | 9000 | 10000K |

촛불, 모닥불
일출
백열등
텅스텐 조명
주광
전자 플래시
흐린 하늘
매우 흐린 하늘

　야간 촬영할 때 좋은 영상을 얻으려면 ISO 수치를 200~400으로 높이면(설정〉프로〉ISO) 된다. 보통 수치인 ISO 50~100으로 찍을 때보다 감도가 높아지지만, ISO 400을 넘으면 노이즈가 생길 수 있다. 싸움이나 스포츠 같은 영상을 찍을 때는 거친 느낌을 강조하기 위해 일부러 ISO 800을 넘기기도 한다. 거리의 가로등 같은 공공 조명을 이용하는 전략도 좋다. 가로등을 활용하면 뜻밖에 좋은 영상이 나오는데, 특히 풀샷에서 밝고 어두운 부분이 대비되어 밤의 전경을 잘 보여준다.

◀**가로등의 이용 1**
　(출처: pixabay)

▶**가로등의 이용 2**
　(출처: shutterstok)

야간 풍경을 찍을 때는 셔터스피드를 줄이고 삼각대를 사용하는 게 좋다. 사람의 모습도 멋있게 표현되고 자동차 불빛의 흐름도 예쁘게 나타난다. 단, 셔터스피드를 줄이면 자동차가 달리거나 사람이 걷는 속도가 빨라진다는 것을 미리 알아둬야 한다. 해질녘에는 골든타임을 놓치지 마라. 해가 넘어가는 10~20분 전이다. 하늘은 아직 파랗지만 피사체는 금방 어두워진다. 바로 이때 스마트폰의 플래시를 켜거나 자동차 불빛을 이용하면 파란 하늘을 배경으로 붉은 노을이 잔잔하게 깔리는 훌륭한 영상을 얻을 수 있다.

◀ 느린 셔터스피드를
이용한 자동차 불빛
(출처: pixabay)

▶ 해질녘 플래시 이용
(출처: homedecostore.com)

3.11. 각도 30도 이상 벗어나라

같은 대상을 비슷한 크기로 비슷한 각도에서 찍은 샷을 이어 붙이면 뭔가 건너뛴 것처럼 어색하게 여겨진다. 화면이 연속적으로 가다가 갑자기 끊겼다는 느낌이다. 길게 이어지는 롱테이크가 끊어진 것처럼, 연속성(continuity)이 깨져 영상이 갑자기 튀는 느낌이 든다. 일부러 이런 느낌을 주는 기법을 '점프컷'(jump cut)이라 한다.

이런 튀는 느낌을 주지 않으려면, 이어지는 두 샷에서 카메라의 각도가 적어도 30도 이상 움직여야 한다. 같은 대상을 찍은 샷을 이어 붙이려면, 카메라의 위치나 각도가 많이 다른 샷을 써야 한다는 것이다. '30도의 법칙'(30 degree rule)이다.

만약 카메라 각도가 30도 이상 달라지지 않으면서 같은 대상을 두 샷으로 매끄럽게 연결하려면, 샷의 크기를 2단계 이상 차이 나게 만들면 된다. 예를 들어 클로즈업에서 풀샷으로 넘어가는 것이다. 샷을 연결할 때 카메라 각도를 바꾸기 어렵다면 샷의 크기만 바꿔도 되는 것이다.

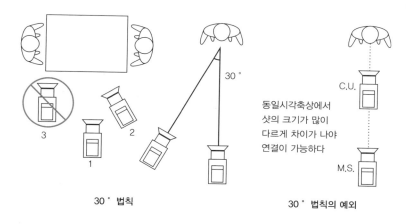

'30도 법칙'과 그 예외

30°

C.U.

동일시각축상에서
샷의 크기가 많이
다르게 차이가 나야
연결이 가능하다

M.S.

30° 법칙

30° 법칙의 예외

3.12. 180도를 넘어가면 안 된다

TV로 축구 경기를 볼 때 응원하는 팀이 왼쪽인지 오른쪽인지 헷갈릴 때가 있다. 전반전엔 왼쪽에서 오른쪽으로 공격하다가, 후반전이 되면 공격 방향이 반대로 바뀌기 때문이다. 전반전인지 후반전인

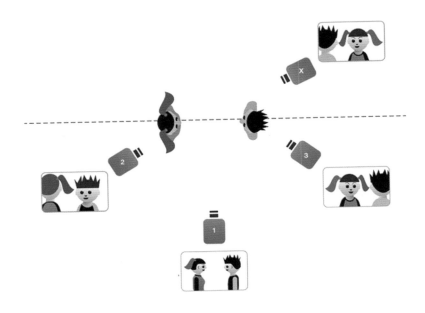

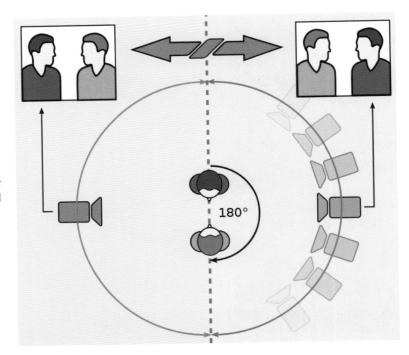

'180도 법칙'을
넘어가는 방법

지 모르거나, 자막이나 이미지로 진영을 알려주지 않으면, 어느 쪽을 응원해야 할지 몰라 가끔 난감해진다.

축구 경기만이 아니다. 보는 영상에서 좌우가 바뀌면 혼란스럽다. 그래서 카메라도 넘지 말아야 할 선이 있다. 두 샷을 이어 붙일 때 30도 이상 벗어나야 하지만, 180도를 넘어가면 안 된다. '180도의 법칙'(180 degree rule)이다. 찍는 두 대상을 연결하는 가상의 선 한 쪽에서만 카메라를 움직인다는 것이다.

예를 들어 남녀 한 쌍이 대화하는 장면을 어깨걸이(over the shoulder shot)로 찍을 때, 여자(왼쪽)-남자(오른쪽)로 촬영했다가, 180도를 넘어가면 남자(왼쪽)-여자(오른쪽)로 좌우가 바뀌면서 혼란을 주게 된다. 물론 두 사람의 관계가 어색하거나 상황이 역전되는 경우 일부러 180도를 넘어가기도 한다.

180도를 넘어가는 방법은 3가지가 있다. 촬영을 끊지 않고 한쪽에서 다른 쪽으로 계속 이어가면서 넘으면 된다. 또 한 사람의 정면 샷을 넣은 뒤 넘어가거나, 중간에 인서트샷(insert shot)을 걸고 넘어가는 것이다.

4장

편집하는 방법

4.1. 키네마스터 설치하기

'키네마스터'(KineMaster)는 스마트폰에서 가장 널리 쓰이는 영상편집 프로그램 중 하나다. 키네마스터의 인기가 워낙 높아지면서, 개발사인 넥스트리밍㈜이 회사 이름을 아예 키네마스터㈜로 바꿔버렸을 정도다. 한국에서 개발된 키네마스터는 세계적으로도 널리 알려져 2019년 말 기준으로 누적 다운로드 2억 건을 기록하기도 했다.

설치하고 실행하는 방법은 다른 앱과 마찬가지다. 스마트폰에서 구글 'Play스토어'를 연 뒤 검색창에 '키네마스터'를 입력하고 검색한다. 설치가 완료되면 스마트폰 홈화면에 빨간 키네마스터 앱 아이콘이 보일 것이다.

4.2. 기본메뉴 파악하기

키네마스터를 실행하면 왼쪽에 붉은 원 메뉴가, 오른쪽에 네모 영상 목록이 나온다. 키네마스터 버전에 따라 구성이 조금 다룰 수 있다.

① 상점(asset store): 편집하는 데 필요한 화면특수효과(FX), 장면전환효과, 오버레이(애니메이션, 스티커, 텍스트), 글꼴, 오디오(음악,효과음), 클립그래픽 같은 자료를 내려 받을 수 있다.

② 프로젝트 시작(영상클립 가져오기): 프로젝트를 시작하는 버튼이다. 키네마스터에서는 만드는 영상을 '프로젝트'라고 한다.

③ 유튜브 영상: 유튜브에 있는 키네마스터 소개 영상을 보여준다. 재미있고 멋진 영상을 만드는 방법을 알려준다. 하나하나 배워가면서 전문가 못지않는 멋진 영상을 만들 수 있다.

④ 프로그램 설정: 내 정보, 버전, 기기성능 등 다양한 정보를 보여준다. 사진클립 길이, 사진클립 초기 설정, 레이어 길이 등 편집에 필요한 여러 환경을 설정한다.

⑤ 도움말: 작업할 때 궁금한 사항을 문의할 수 있다. 키네마스터 홈페이지와 페이스북, 인스타그램, 트위터 등으로 연결된다.

⑥ 편집마술사: 단계별로 따라 하면서 순서대로 편집을 완성하는 방법으로, 간단한 템플릿(테마)에 자동으로 만들어주는 기능이다.

⑦ 작업리스트: 이전에 작업한 프로젝트 파일을 보여준다. 누르면 바로 해당 프로젝트로 넘어간다.

4.3. 에셋스토어 둘러보기

에셋스토어(asset store): 편집하는 데 필요한 화면특수효과(FX), 장면전환효과, 오버레이(애니메이션, 스티커, 텍스트), 글꼴, 오디오(음악,효과음), 클립그래픽 같은 자료를 내려 받을 수 있다. 무료도 있지만 대부분 돈을 내야 하는 '프리미엄'이다. 월간이나 연간으로 돈을 내면 지적재산권 걱정 없이 멋진 자료를 얼마든지 사용할 수 있다.

편집 기능은 돈을 내지 않고 무료로 사용할 수 있다. 만든 영상 오른쪽 위에 'KineMaster'라는 워터마크가 찍혀 나오는 불편만 참을 수 있으면, 키네마스터는 굉장히 좋은 프로그램이다. 또 영상을 자주 만든다면 월간이나 연간 부담하는 금액은 그야말로 "껌값"이다. 당당하게 돈을 내고 깔끔한 영상을 만들어보자.

① 인기항목(베스트)
② 화면효과(FX)
③ 장면전환(Transition)
④ 오버레이
⑤ 글자체(폰트)

4.4. 프로그램 설정하기

키네마스터 첫 화면에서 톱니바퀴 모양은 프로그램을 설정하는 메뉴다. 내 정보는 키네마스터 사용자 유형(무료, 유료 등)을 알려준다. KineMaster 버전 정보는 내려받은 키네마스터 버전을, 기기 성능 정보는 작업할 수 있는 해상도와 최대 레이어 개수를 보여준다.

그 아래 편집, 정렬, 파일 위치 메뉴도 하나씩 눌러 내용을 파악해 두자. 사진 클립의 길이를 설정하고, 팬(pan)과 줌(zoom)을 설정하고, 레이어 길이를 설정하거나, 미디어 브라우저나 오디오 브라우저의 화면 모드를 바꿀 수 있다.

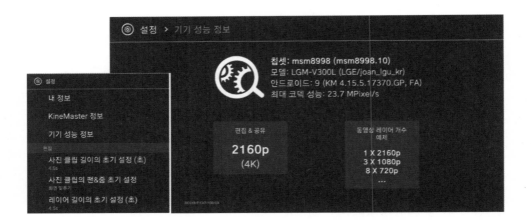

4.5. 프로젝트 시작하기

새로운 프로젝트를 시작하려면 첫 화면에서 왼쪽 가운데 붉은 원 메뉴를 누르면 된다. 프로젝트는 화면비율을 설정하는 것부터 시작한다. 화면비율 3가지 16:9(와이드), 9:16(세로), 1:1(정사각형) 중에서 고를 수 있다. 세로 화면이나 정사각 화면처럼 특별한 목적이 있는 게 아니라면 가로 화면으로 하는 게 좋다. 화면비율을 선택하면 편집작업을 시작하는 까만 화면이 열린다.

화면비율을 선택하면 편집에 필요한 영상클립을 가져올 수 있는

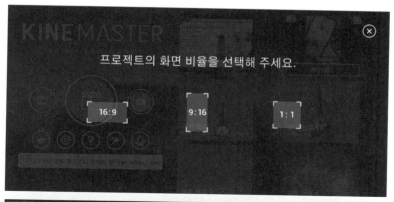

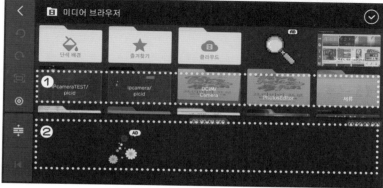

① 스마트폰 폴더명

② 타임라인 영역

미디어 브라우저 화면이 나온다. 스마트폰에 있는 여러 폴더 가운데 필요한 영상을 선택하면 작업공간인 타임라인 영역에 나타난다.

4.6. 프로젝트 마무리하기

키네마스터 첫 화면의 작업리스트에서 프로젝트 하나를 누르면 그 프로젝트로 무엇을 할 것인가를 묻는다. 영상과 함께 나타나는 왼쪽 붉은 메뉴는 편집을 계속 이어가는 메뉴다. 그 오른쪽 제목없음 은 프로젝트의 제목을 다는 곳이다. 누르면 나타나는 자판으로 제 목을 입력할 수 있다.

그 아래 4개 메뉴는 순서대로 플레이, 내보내기, 복사하기, 삭제하기 다. 내보내기는 작업한 결과를 영상파일로 최종 저장하는 과정으로, 영어로 렌더링(rendering)이라 한다. 렌더링이 끝난 영상은 mp4 파일 형 태로 갤러리의 내보내기(export) 메뉴에 저장된다.

① 추가편집
② 이름변경
③ 영상플레이
④ 내보내기(공유)
⑤ 복사하기

4.7. 작업화면 이해하기

작업화면(미디어패널)은 크게 4개로 나뉜다. 작업메뉴(왼쪽), 모니터(큰 화면), 미디어휠(오른쪽), 타임라인(아래쪽). 작업메뉴는 보기만 해도 그 기능을 금방 알 수 있을 정도로 쉽다. 이전 메뉴, 되돌리기, 앞으로 가기, 화면 캡처, 프로젝트 설정, 타임라인 확대, 처음 또는 끝으로 이동.

가장 큰 화면은 현재 작업하고 있는 바로 그 장면을 보여준다. 작업 결과가 그대로 나타난다. 미디어휠(Media Wheel)은 위에서 시계방향으로 미디어, 오디오, 녹음, 레이어 메뉴이며, 한 가운데 붉은 버튼은 사진이나 동영상으로 바로 찍어 작업공간으로 가져올 수 있다. 타임라인은 동영상의 순서와 상태를 보여준다. 한 가운데 빨간 기준선은 현재 작업 중인 화면을 알려주는 플레이헤드(play head)다. 그 지점의 화면이 바로 위에 크게 보이는 것이다.

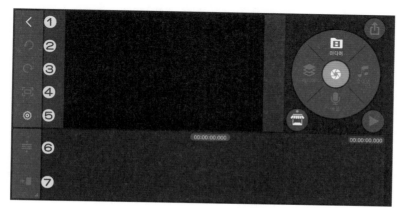

① 이전 메뉴
② 되돌리기(취소)
③ 앞으로 실행
④ 화면캡처 메뉴
⑤ 프로젝트 설정메뉴
⑥ 타임라인 확대(전체화면)
⑦ 클립 맨 앞으로 가기

4.8. 자료영상 불러오기

편집할 자료영상을 미디어 브라우저에서 다 가져오면, 완료 버튼을 누른다. 오른쪽 맨 뒤에 있는 '✓' 모양이다. 컴퓨터 키보드에서 엔터(Enter) 키라고 보면 된다. 키네마스터에서는 무슨 작업이든지 설정한 뒤 적용하려면 반드시 이 버튼을 눌러야 한다. 완료 버튼을 누르면 편집을 시작할 수 있는 작업화면이 나타난다.

① 이전 메뉴
② 되돌리기(취소)
③ 앞으로 실행
④ 화면캡처 메뉴
⑤ 프로젝트 설정메뉴
⑥ 타임라인 확대(전체화면)
⑦ 클립 맨 앞으로 가기

4.9. 영상을 순서대로 놓기

편집을 시작하려면 먼저 편집할 자료영상들을 시나리오(스토리보드)에 나온 순서대로 늘어놓아야 한다. 컷편집이다. 이것만 제대로 해도 편집을 절반쯤 한 것이나 마찬가지다. 미디어 브라우저의 폴더에서 원하는 자료영상을 선택하면 타임라인에 순서대로 배치된다. 각 영상 사이에는 '+'표시가 나타난다. 장면전환 효과를 넣을 수 있는 공간이다.

컷편집은 영상 넣기, 빼기, 옮기기 3가지 작업만 익히면 된다. 자료영상을 끼워 넣으려면 타임라인에서 넣고 싶은 곳에 플레이헤드를 맞춘 뒤, 오른쪽 위 다이얼메뉴에서 미디어 버튼을 누르면 나타나는 폴더에서 원하는 영상을 선택하면 된다. 필요 없는 영상을 삭제하려면 뺄 영상을 손가락으로 "톡" 눌러 선택한 뒤, 왼쪽 작업메뉴에서 쓰레기통 버튼을 누르면 된다. 옮기는 작업도 간단하다. 옮길 영상을 손가락으로 "지그시" 눌러 손가락에 뭔가 걸리는 가벼운 느낌이 오면, 옮기고 싶은 곳으로 영상을 끌어다 놓으면 된다. 혹시 깜박 실수한 경우 되돌리기 버튼으로 돌아가면 된다.

4.10. 영상을 자르고 늘리기

타임라인에 보이는 영상은 원본이 아니다. 아무리 자르고 붙이고 버려도 원본은 변하지 않는다. 타임라인에서 영상을 원하는 길이로 잘라보자. 트리밍(trimming)이다. 트리밍한다고 해서 자른 부분이 사라지는 게 아니니 전혀 걱정하지 않아도 된다.

원래 영상

뒷부분을 트리밍(잘라냄)

잘려나간 영상은 없어진 것이 아니라 맨 뒤에 말려 숨겨져 있다고 생각 하면 됨
(잘린 영상이 뒤에 말려 있음)

다시 늘리면 영상이 나옴

트리밍할 영상을 손가락으로 "톡" 눌러 선택하자. 노란 테두리를 자세히 살펴보면 왼쪽이나 오른쪽 테두리가 눈에 띄게 굵고, 점 4개가 찍혀 있다. 이 부위를 누르고 왼쪽이나 오른쪽으로 당겨보자. 당기는 방향에 따라 영상의 길이가 줄어들거나 늘어난다. 손가락 하나로 영상을 자르고 늘릴 수 있는 것이다.

가위(메뉴)로 자르는 방법도 있다. 자르고 싶은 부분에 재생헤드를 놓고 영상을 "톡" 선택하면 오른쪽 위에 가위 버튼이 보인다. 가위를

누르면, 플레이헤드의 왼쪽을 트림, 플레이헤드의 오른쪽을 트림, 플레이헤드에서 분할, 정지화면 분할 및 삽입 4가지 메뉴가 나타난다. 플레이헤드를 기준으로 왼쪽이나 오른쪽을 잘라내는 것이다.

영상을 둘로 나누고 싶으면 플레이헤드에서 분할을 누른다. 자른 부분을 펼쳐 보면 숨어있던 영상을 찾을 수 있다. 영상이 2개로 복제된 것인데, 둘로 잘린 것처럼 보이는 것이다. 어떤 장면을 멈춰서 오래 보여주고 싶을 때 정지화면 분할 및 삽입을 누른다. 바로 그 부분이 둘로 나뉘면서 정지영상(사진)이 들어간다.

4.11. 장면전환 효과 넣기

한 장면에서 다른 장면으로 넘어갈 때 그냥 가면 어색한 경우가 많다. 주제가 달라지거나 느낌이 바뀌는 경우다. 이때 두 영상을 자연스럽게 연결해주는 장면전환 효과를 쓰면 된다. 파워포인트의 전환 효과와 마찬가지다.

장면전환 효과가 없으면 한 화면에서 다음 화면으로 그냥 넘어간다. 뉴스나 드라마에서 자주 볼 수 있다. 일반적으로 두 화면을 겹쳐서 서서히 다음 장면으로 바뀌는 '디졸브'(dissolve)를 자주 사용한다. 주소 시간이나 장소가 바뀔 때 쓰는 기법이다. 이 밖에 다양하고 화려한 장면전환 효과들이 많다. 뮤직비디오나 쇼프로그램에서 재미있고 눈길을 끄는 장면전환 효과를 자주 볼 수 있다.

장면전화 효과를 사용하려면 타임라인에서 효과를 넣을 영상과 영상 사이 '+'를 누른 뒤, 오른쪽 위에 나타나는 여러 가지 효과 가운데 적절한 것을 고르면 된다. 장면이 전환되는 시간도 조절할 수 있다. 왼쪽 모니터 아래 보이는 숫자 다이얼을 좌우로 돌려 0.5초 간격으로 빠르기를 설정하면 된다. 방송프로그램에서 장면전환 효과를 보고 내가 원하는 주제에 적합한 효과를 미리 파악해두자.

장면전환 지속 시간   장면전환 아이콘

4.12. 화면을 키우거나 옮기기

군이 카메라워킹을 하지 않아도 편집으로 거의 같은 효과를 내는 기법이 있다. 카메라를 고정해놓고 카메라의 방향이나 초점 거리를 바꾸는 패닝(panning)이나 주밍(zooming) 대신, 팬(pan)과 줌(zoom) 기법을 쓰면 된다. 팬으로 화면의 위치를 옮길 수 있고, 줌으로 화면을 서서히 키우거나 줄일 수 있다.

타임라인에서 영상을 "톡" 눌러 오른쪽 위에 보이는 메뉴 중에서 큰 사각형과 작은 사각형이 화살표로 연결된 메뉴를 선택하면, 시작 위치와 끝 위치를 알려준다. 시작 위치를 누르면 붉은 테두리가 생긴 상태에서 왼쪽 모니터에 보이는 화면에 손가락을 대고 움직여보면 된다. 화면을 한 손가락으로 이리저리 움직이면 팬이고, 두 손가락으로 키우거나 줄이면 줌이 된다. 마찬가지 방법으로 끝 위치를 눌러 그 장면이 끝날 때 보여주고 싶은 상태로 만들면 된다. 원래 크기나 자리로 돌아오려면 모니터를 두 번 연속 "톡톡" 건드리면 된다.

화면을 드래그하여 위치를 조정하거나 두 손가락을 이용해 벌리거나 줄여서 원하는 크기의 영상을 설정할수 있다. 원래 크기와 위치로 하려면 화면을 두번 연속 터치하면 된다.

처음과 끝 위치를 같게 만들려면(원래대로 되돌리려면) 가운데 있는
'=' 표시를 누르면 된다.

4.13. 오디오 조절하기

열심히 찍은 영상은 마음에 드는데, 오디오가 마뜩잖은 경우가 많
다. 녹음한 소리를 영상으로 들을 때 현장 그대로의 실감이 나지 않
기 때문이다. 그래서 마이크를 쓰고 오디오를 보완한다. 오디오를 조
절하려면 타임라인에서 그 영상을 "톡" 눌러 오른쪽 위에 보이는 메
뉴 중에서 스피커 버튼을 선택하면 된다.
맨 왼쪽에 있는 마스터볼륨 슬라이더①는 소리의 크기를 조절한

다. 현장 기준으로 100%로 맞춰져 있는데, 0~200% 사이에서 적당한 높이로 설정하면 된다. 0%는 소리를 들리지 않게 하는 것이고, 200%는 두 배로 키우는 것이다. 소리를 아예 없애려면 눈금 위 스피커를 누르면 빨갛게 바뀌면서 소리가 사라진다. 가운데 배경 슬라이더②는 배경으로 설정한 영상의 볼륨을 줄이기 위한 것이다.

오른쪽에 있는 스테레오팬 슬라이더는 영상에서 스테레오 믹스를 조절할 수 있다. 위쪽 슬라이더③는 왼쪽 채널, 중간 슬라이더④는 오른쪽 채널의 출력을 조절한다. 각각 양쪽 끝 100%에 기본으로 맞춰져 있다. 이 슬라이더로 새로운 효과를 만들어낼 수도 있다. 위쪽 슬라이더를 오른쪽 끝으로, 아래쪽 슬라이더를 왼쪽 끝으로 설정하면 좌우 채널이 바뀐다. 두 슬라이더를 모두 중앙에 맞추면 스테레오 오디오를 모노로 전환할 수 있다. 두 슬라이더를 조금씩 조정하여 좌우 밸런스를 맞추기도 한다. 아래쪽 슬라이더⑤는 오디오 음정 전반을 조절한다.

4.14. 영상클립효과 골라 넣기

① 클립 그래픽

영상 위에 어떤 모션그래픽이나 배너를 올리고 싶을 때 클립 그래픽을 쓰면 된다. 타임라인에 있는 영상을 "톡" 누르면 나타나는 오른쪽 위 메뉴에서 선택한 뒤, 기본 타이틀 효과, 여행 및 활동, 감상적, 강력함, 추억여행, 엔딩크레딧 같은 메뉴 버튼을 고르면 된다.

재미있고 다양한 화면효과들이 많고, 자막을 넣은 뒤 화려하게 변환할 수 있는 타이틀 효과도 있다.

 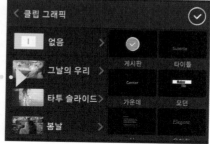

② **속도**

영상을 빠르거나 느리게 보려면 속도를 조절하면 된다. 속도 버튼을 눌러 정상배속(1X), 4배속(4X), 8배속(8X)으로 빠르기를 크게 잡은 뒤, 그 아래 다이얼로 작은 빠르기를 맞추면 된다. 속도를 바꿨을 때 들리는 소리가 불편하면 음을 소거하거나 음정을 유지하는 기능도 있다.

③ 리버스

영상을 반대 방향으로 틀고 싶을 때 리버스를 누르면 된다. 시간의
흐름을 거꾸로 되돌리는 버튼이다.

④ 회전/미러링

화면을 좌우 대칭 방향으로 뒤집고 싶으면 미러링을 눌러 왼쪽이
나 오른쪽 대칭 화면으로 바꿀 수 있다. 회전은 한 번 누를 때마다
왼쪽이나 오른쪽으로 90도씩 영상이 돌아간다.

⑤ 필터

영상의 전체 색감을 바꿔 새로운 분위기를 만들려면 필터를 쓰면
된다. 기본 영상에 따뜻한, 차가운, 선명한, 흐린 느낌의 영상으로 느
낌을 바꿀 수 있다.

⑥ 조정

화면을 조정하는 데 필요한 많은 메뉴를 갖추고 있다. 화면의 밝
기, 대비, 채도, 활기, 온도, 하이라이트, 그림자, 개인, 감마, 색조 같
은 요소를 조정할 때 직접 바꿀 수 있다.

⑦ EQ

영상뿐 아니라 오디오도 조정할 수 있다. EQ(이퀄라이저)를 누르면
AM Radio, Bass Booster, Hip-Hop, Jazz, POP, R&B, Rock, Voice 같은 다양
한 느낌으로 효과를 넣을 수 있다.

⑧ 상세 볼륨

특정한 구간을 정해 볼륨을 조정하는 기능이다. 상세 볼륨은 원하는 구간을 설정해서 볼륨을 조절하는 것이다. 영상의 어떤 지점들을 찍어 그 구간만 볼륨을 미세하게 설정할 수 있다. 원하는 지점(조절점)을 잡을 때 '+'를 누르고 볼륨을 조정한 뒤, 다음 지점을 잡아 또 '+'를 누르고 볼륨을 조정하면 된다. 조절점을 빼려면 '-'를 누르면 된다. 이 조절점(키프레임)을 활용하면 볼륨뿐 아니라 화면의 움직임이나, 확대/축소 같은 다양한 효과를 구간별로 설정할 수 있다.

① 조절점 만들기
② 조절점 삭제하기
③ 다음 조절점으로 이동
④ 이전 조절점으로 이동

조절점(키프레임)이 생성된 상태

⑨ 잔향효과

소리는 공간에 따라 메아리가 달라진다. 굳이 그 공간에 가지 않더라도 그 에코 효과를 낼 수 있도록 만든 기능이다. 목욕탕, 성당, 동굴, 콘서트홀, 스튜디오 같은 장소에서 소리가 울리는 효과를 낼 수 있다.

⑩ 음성변조

목소리 주파수를 바꾸어 전혀 다른 목소리로 들리게 하는 기능이다. 남자, 여자, 어린이, 로봇, 외계인, 다람쥐처럼 다양하고 재미있는 효과가 많다.

⑪ 비네트

비네팅(vignetting)이라고도 한다. 영상의 외곽 모서리를 어둡게 만드는 효과다. 가장자리에 있는 필요 없는 배경을 가리거나 가운데로 시선을 모으고 싶을 때 사용한다. 망원경을 보거나 터널 속에 있는 듯한 분위기를 연출할 수 있다.

⑫ 오디오 추출

촬영한 영상에 들어있는 소리만 따로 빼거나 바꾸고 싶을 때 사용한다. 추출된 오디오는 타임라인 아래에 푸른 띠 모양으로 나타난다. 오디오만 따로 활용할 때도 유용한 메뉴다.

4.15. 미디어휠 돌려보기

키네마스터 작업화면(미디어패널)에서 오른쪽에 크게 보이는 동그라미가 미디어휠(media wheel)이다. 시계 방향으로 미디어, 오디오, 녹음, 레이어 버튼이 달려 있다. 레이어 메뉴는 선택한 영상 위에 미디어, 효과, 스티커, 텍스트, 손글씨 같은 이미지를 한 층씩 레이어(layer)로 올리는 것이다. '레이어'이기 때문에 원본에는 아무 변화가 없다. 기본 영상트랙 위에 원하는 이미지를 입힌 투명한 비닐을 올려놓는 것과 마찬가지다.

타임라인의 영상클립을 선택하지 않았을 때 나타나는 기본메뉴 ― 미디어휠

레이어는 타임라인에서 쉽게 확인할 수 있다. 맨 위에 보이는 영상은 내가 선택한 기본영상들을 컷편집한 순서대로 늘어놓은 것이다. 자료영상 위에 레이어를 깔면 여러 색깔로 띠 모양이 층층이 나타난다. 예를 들면 빨강(스티커), 주황(손글씨), 갈색(텍스트), 파랑(특수효과), 초록(오디오), 보라(녹음) 같은 레이어다. 왼쪽 작업메뉴에서 타임라인 확장 버튼을 누르면 레이어들을 한꺼번에 볼 수 있다.

레이어를 늘리고 줄이는 방법은 컷편집에서 트리밍하는 것과 똑같다. 원하는 레이어를 손가락으로 "톡" 눌러 노란 테두리를 왼쪽이나 오른쪽으로 당기면 된다. 자리를 옮기려면 "지그시" 눌러 원하는 곳에 영상을 끌어다놓고, 삭제하려면 쓰레기통 버튼을 누르며, 깜박 실수한 경우 되돌리기 버튼으로 돌아가면 된다.

기본영상 위에 놓인 레이어를 편집하다 보면 해당 영상에 위치를

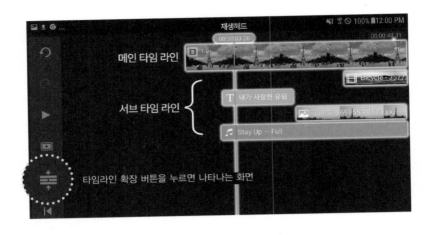

타임라인 확장 버튼을 누르면 나타나는 화면

정확하게 맞추기 어려운 경우가 많다. 기본영상을 다시 조절하거나 앞뒤에 다른 레이어를 까는 경우 위치가 조금씩 달라지기 때문이다. 이때는 '핀'(Pin)으로 고정하면 된다. 원하는 레이어를 선택한 뒤, 왼쪽 작업메뉴에서 '핀'을 누르면 그 자리에 고정된다. 고정된 핀은 빨갛게 표시되며, 한 번 더 누르면 핀이 빠지며 다시 흰색으로 돌아온다.

① 레이어 — 미디어

미디어휠>레이어>미디어에서 원하는 영상파일을 새로운 레이어에 올리면 '서브타임라인'에 기다란 띠가 나타난다. 레이어 영상은 컷편집하기 위해 놓은 바로 위 메인 타임라인의 영상과 달리 크기, 이동, 회전을 자유롭게 설정할 수 있다. 기본영상 위에 점선 테두리로 나타난 레이어 영상에 손가락을 대고 이리저리 옮겨보자. 또 오른쪽 위 흰 원을 돌리면 기울기를 바꿀 수 있고, 오른쪽 아래 흰 원을 당기면 크기를 바꿀 수 있다.

레이어 영상도 여러 가지 효과를 설정할 수 있다. 레이어 영상을

선택하면 오른쪽 위에 나타나는 메뉴를 보자. 인 애니메이션은 처음에 어떤 형태로 나타날 것인지, 애니메이션은 나타난 뒤 어떤 형태로 보여 줄 것인지, 아웃 애니메이션은 어떤 형태로 사라질지를 설정하는 버튼이다. 다른 메뉴도 크로마키, 크롭, 알파, 필터, 조정, 혼합 같은 메뉴는 기본영상과 같은 방법으로 사용하면 된다.

② 레이어 — 효과(FX)

영상을 찍다 보면 정상적으로 촬영하기 어려운 장면이 많다. 불, 비, 구름, 번개, 폭풍, 파도, 그림자, 폭발, 반사광 같은 요소가 들어가는 장면은 컴퓨터그래픽의 도움으로 거뜬하게 해결할 수 있다. 특수효과(FX)다.

미디어휠〉레이어〉효과를 따라가면 모자이크, 어안렌즈, 모래폭풍, 스케치, 수채화, 엠보싱, 야간투시경 같은 특수효과를 만들어 넣을 수 있다. 특수효과는 아래 서브타임라인에 파란 띠로 생성되며, 기본영상 위에 점선 테두리로 나타난 레이어를 눌러 위치, 회전, 크기를 바꿀 수 있다.

특수효과도 오른쪽 위에 나타나는 메뉴로, 인 애니메이션, 애니메이션, 아웃 애니메이션을 적용할 수 있다. 또 설정을 누르면 효과의 강도, 범위, 강약을, 알파(불투명도)를 고르면 투명도를, 모양을 누르면 적용되는 모양을 정할 수 있다.

별도의 서브타임라인의
트랙에 효과레이어를
생성한다.

③ 레이어 — 스티커

미디어휠>레이어>스티커에서 원하는 스티커를 골라보자. 클래식, 버블, 말풍선, 반짝반짝, 커튼콜 같은 재미있는 스티커들이 쏟아져 나온다. 하나를 선택하면 아래 서브타임라인에 빨간 띠로 나타나며, 기본영상 위에 점선 테두리로 표현된다. 조작 방법은 똑같다.

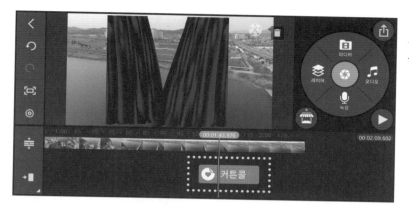

서브타임라인에
오버레이 레이어가 추가됨

④ 레이어 — 텍스트

미디어휠〉레이어〉텍스트를 선택하면 작업화면에 검은 칠판과 흰 자판이 나타난다. 자판을 눌러 텍스트 박스에 원하는 글자를 넣고 '확인'을 누르면 그 글자가 기본영상 위에 생성되고, 아래 서브타임라인에 갈색 띠가 생긴다. 오른쪽 메뉴에서 알파벳 'Aa'를 누르면 글꼴을 바꿀 수 있다. 안드로이드, 라틴어, 한국어에서 기본 글꼴을 뒤져 보고, 뭔가 부족하면 오른쪽 위 에셋스토어에 들러 고딕체, 명조체,

① 글자의 크기 및 위치, 회전 등을 설정할 수 있다.

② 텍스트 레이어(선택해서 길이와 위치를 조정할 수 있다)

필기체, 일본어, 중국어 등 다양한 글꼴을 내려받을 수 있다.

오른쪽 위 메뉴에서 흰 사각형 버튼을 누르면 글의 색깔을 바꿀 수 있다. 팔레트에서 원하는 색을 누르고 아래 눈금에서 채도를 설정하면 오른쪽 아래에 적용할 색깔이 보인다. 오른쪽 위 완료 버튼

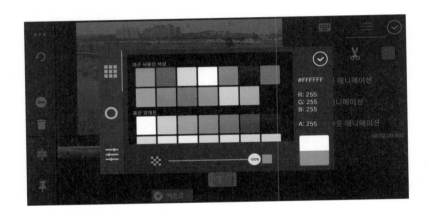

'⊘'를 누르면 색깔과 채도가 그대로 적용된다. 텍스트는 꾸미고 싶은 요소가 많다. 오른쪽 메뉴를 뒤져 보면 텍스트옵션, 윤곽선, 그림자, 글로우, 배경색 같은 다양한 버튼이 나온다. 하나씩 눌러 그 기능을 확인해두자. 텍스트 내용을 수정하고 싶으면 메뉴 맨 위에 있는 자판 버튼을 누르면 된다.

⑤ 레이어 ― 손글씨

미디어휠〉레이어〉손글씨를 선택하면 오른쪽 메뉴에 빨간 펜이 나타난다. 그 아래 버튼을 하나씩 눌러 그릴 수 있는 선의 종류, 색깔, 굵기를 선택하고, 지우개를 눌러 지워보자. 글씨를 쓰는 것은 물론 다양한 도형이나 기호도 그릴 수 있다.

4.16. 배경음악 골라 넣기

미디어휠 오른쪽에 있는 오디오 메뉴는 다양한 배경음을 찾아 넣을 수 있는 오디오 브라우저다. 음악, 효과음, 녹음, 곡, 앨범, 음악가, 장르 등 스마트폰의 오디오 폴더에 저장된 모든 오디오를 찾아 영상에 적용할 수 있다.

키네마스터에 있는 오디오들은 저작권 걱정 없이 사용할 수 있는 게 큰 장점이다. 무료로 쓸 수 있는 것도 적지 않지만, 프리미엄도 적은 돈으로 저작권 걱정 없이 마음껏 이용할 수 있다. 에셋스토어를 뒤져보면 넣고 싶은 배경음악을 찾을 수 있다.

효과음도 풍성하다. 비 오는 소리, 천둥 치는 소리, 문 두드리는 소리, 자동차 소리, 전화 울리는 소리, 박수 소리, 자판 두드리는 소리, 강아지 짖는 소리 같은 효과음을 찾아 해당 영상에 넣으면 그 느낌이 크게 달라지는 걸 확인할 수 있다.

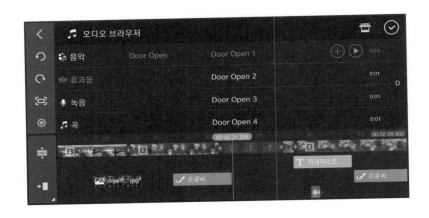

4.17. 소리 바로 녹음하기

미디어휠 아래에 녹음 버튼이 있다. 오디오를 녹음할 수 있는 메뉴다. 사람 목소리나 주변의 소리를 녹음할 때 눌러 화면에 나오는 '시작'이나 '정지' 버튼을 눌러 녹음할 수 있다. 타임라인의 플레이헤드를 기준으로 재생되는 영상과 함께 녹음되며, 서브타임라인에 보라색 띠로 나타난다.

보라색 띠를 선택하면 오른쪽 위 메뉴판에 볼륨, 이퀄라이저(EQ),

상세볼륨을 조절할 수 있는 버튼과, 아래로 잔향효과, 음성변조, 들어보기, 다시 녹음, 반복 같은 버튼을 눌러 원하는 효과를 설정할 수 있다.

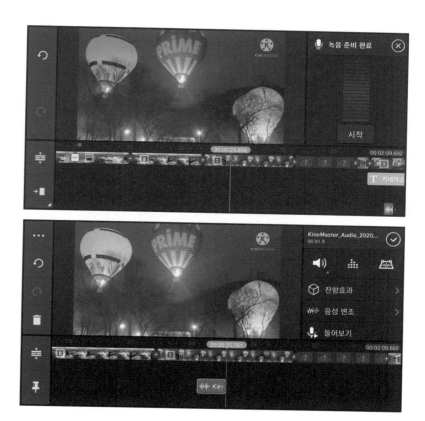

4.18. 영상 바로 찍어 올리기

미디어휠 한가운데 빨간 버튼이 있다. 사진이나 동영상을 바로 찍어 작업공간으로 불러오는 기능이다. 급하게 바로 컷편집할 때 필요한 메뉴다. 빨간 버튼을 누르면 동그라미가 커지면서 사진과 캠코더 버튼이 나온다. 필요에 따라 촬영을 시작하면 된다. 촬영한 영상은 플레이헤드가 놓인 바로 그 자리에 들어간다.

4.19. 내보내기와 공유하기

프로젝트를 마무리하면 영상을 파일로 저장해야 한다. 내보내기 (export)다. 내보내기는 작업한 결과를 영상파일로 최종 저장하는 과 정으로, 영어로 렌더링(rendering)이라 한다. 지금까지 작업한 결과는 영상을 제작한 게 아니라, 제작하라고 지시하는 작업지시서와 마찬 가지다.

내보내기 버튼은 작업화면 오른쪽 위에 있다. 화살표가 위를 향하 고 있어 업로드(upload)라 보면 된다. 내보내기 버튼을 누르면 지금까 지 작업한 '작업지시서'에 따라 스마트폰이 렌더링 작업을 시작한다. 스마트폰의 성능이나 프로젝트의 크기에 따라 걸리는 시간이 다르다. 버튼을 누르면 영상의 해상도와 프레임레이트와 비트레이트를 설정할 수 있다. 해상도는 대개 'HD 720p'로 설정한다. 높으면 화질은 선명해지지만 용량이 무거워진다. 프레임레이트는 '30'으로 놓는다. 비트레이트는 해상도와 화질에 따라 달라지기 때문에 특별히 따로 손댈 필요는 없다.

내보내기가 끝나면 바로 오른쪽에 프로젝트 제목과 함께 저장된 결과가 나타난다. 삼각형 표시를 누르면 재생해 볼 수 있고, 공유 버튼을 누르면 이메일이나 유튜브, 페이스북, 카카오톡, 밴드, 단문메시지 같은 다양한 SNS로 보낼 수 있다. 결과 영상은 mp4 파일 형태로 갤러리의 내보내기 메뉴에 저장된다. 작업하면서 사용한 자료영상은 원본 그대로, 저장된 자리에 있기 때문에 전혀 걱정할 필요가 없다.

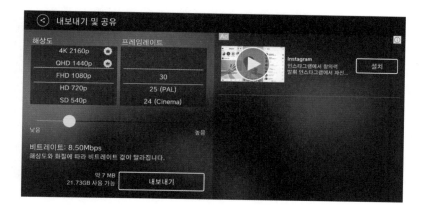

5장

스토리텔링과 영상문법

5.1. 문법을 모르면 스토리텔링을 할 수 없다

우리말을 잘 모르는 외국인이 서투르게 지어낸 말을 듣거나 글을 보면 기특해서 발음이나 맞춤법은 물론 올바른 용어와 문법까지 친절하게 가르쳐주고 싶은 생각이 가끔 든다. 하지만 그가 배울 생각도 없이 우리말이나 한글을 계속 버릇없이 사용하면 괘씸한 느낌이 들게 마련이다. 문법을 가르쳐주는 친구가 없는 걸까? 문법을 배우려는 애정이 없는 걸까?

영상도 마찬가지다. 값싸고 뛰어난 스마트폰 덕에 누구나 영상을 찍고 편집하며 방송도 할 수 있게 됐다. 하지만 아무렇게나 찍고 제멋대로 편집한 영상들이 여기저기 떠돌아 다니며 눈과 귀를 괴롭힐 때, 올바른 영상문법과 체계적인 교육의 필요성을 절감하게 된다. 영상제작 교육에서 대부분 촬영과 편집 기술만 알려주지 문법은 가르쳐주지 않기 때문이다.

문장은 어떤 생각이나 감정을 완결된 내용으로 표현하는 언어 형식이다. 좋은 문장이란 주어, 목적어, 서술어, 보어 같은 구성요소의 순서를 바꾸면서 전달하고 싶은 의미를 가장 효과적으로 드러내는 것이다. 문법을 모르면 문장을 구성할 수 없고 스토리텔링을 이어갈 수 없다.

영상도 매한가지다. 어떤 생각이나 감정을 완결된 내용으로 표현하기 위해 카메라의 움직임을 고민하면서 샷의 크기, 구도, 촬영각도, 조명 같은 요소를 짜는 것이다. 멋진 영상이란 구성요소를 서로 짜맞춰 표현하고 싶은 느낌이나 메시지를 가장 효과적으로 꾸며낸 것이다. 영상도 문법을 모르면 스토리텔링을 할 수 없다.

5.2. 6하원칙은 크기가 다른 샷으로 서술하라

스토리텔링에서 절대 빠뜨릴 수 없는 6가지 요소가 있다. 누가(who), 언제(when), 어디서(where), 무엇을(what), 어떻게(how), 왜(why), '5W1H'로 이뤄진 6하원칙이다. 영상 스토리텔링에서 6하원칙은 어떻게 풀어낼 수 있을까?

사진은 한 장으로 6하원칙의 요소를 한꺼번에 보여준다. 멈춘 바로 그 찰나의 순간을 관찰하면서 6하원칙의 요소를 찾아 상황을 나름대로 해석하게 만든다. 그래서 가끔 사진 한 장이 글로 풀어낸 기사보다 훨씬 더 분명한 뉴스를 전달하기도 한다.

움직이는 영상은 시간의 흐름을 담기 때문에 사진처럼 꼼꼼히 관찰할 시간이 없다. 바로바로 이어지는 다음 장면을 봐야 하기 때문에 영상을 해석할 틈도 없다. 제작자가 흘리는 줄거리를 따라가기도 바쁘다. 동영상은 제작자가 정교하게 설계한 메시지를 시청자가 편하게 수용하게 만드는 미디어다. 그래서 TV가 '바보상자'다.

영상 스토리텔링에서 사진과 동영상의 문법이 일치하는 것부터 살펴보자. 풀샷(full shot)은 '언제', '어디서'를 드러낸다. 사건이 벌어지는 시간과 공간을 알려준다. 풀샷에서 '누가' '무엇을'은 두루뭉술하게 나타나고, '어떻게'와 '왜'는 거의 드러나지 않는다. '누가' '무엇을'은 미디엄샷(medium shot)으로 찍는다. 등장인물이 하는 행동을 보여주는 것이다. '어떻게'와 '왜'가 일으키는 호기심은 클로즈업(close up)으로 담는다. 등장인물의 행동에 대한 궁금증을 풀어주는 것이다.

풀샷은 '그 전체 모습이 모두 나오도록 찍은 장면'이지만, '언제', '어디서'가 잘 드러나도록 고민하면서 찍어야 한다. 촬영현장에서 가장 먼저 해야 할 일은 풀샷을 찍을 포인트, 곧 '언제', '어디서'를 드러내기에 가장 적합한 자리를 찾는 것이다. 미디엄샷과 클로즈업도 마찬가지다. 미디엄샷은 '누가' '무엇을'을 잘 보여줘야 하고, 클로즈업은 어떻게'와 '왜'를 잘 설명할 수 있어야 한다. 풀샷, 미디엄샷, 클로즈업은 단순히 샷(shot)의 크기로만 구분하면 안 된다. 스토리텔링에 필요한 6하원칙을 가장 잘, 또는 가장 교묘하게 드러내기 위한 도구로 이해해야 한다.

풀샷과 클로즈업을 가장 멋지게 설명한 찰리 채플린(Charlie Chaplin)의 설명을 들어보자. "인생은 가까이에서 보면 비극이지만, 멀리서 보면 희극이다"(Life is a tragedy when seen in close-up, but a comedy in long-shot).

Life is a tragedy when
seen in close-up, but
a comedy in long-shot.

-Charlie Chaplin

5.3. 정보는 조금씩 순서대로 줘라

글 한 꼭지가 여러 문장으로 이뤄지는 것처럼, 영상 한 편도 여러 장면으로 구성된다. 글이 각 문장마다 다양한 내용을 품을 수 없듯이, 영상도 각 장면마다 많은 정보를 담을 수 없다. 글은 글대로 영상은 영상대로 주려는 정보를 아껴서 순서대로 줘야 한다.

특히 영상은 시간예술이기 때문에 한 장면에 욕심을 부릴 수 없다. 장면마다 주려는 정보를 전략적으로 골라야 한다. 누가, 언제, 어디서, 무엇을, 어떻게, 왜의 '5W1H'로 이뤄진 6하원칙 중에서 어떤 정보에 집중할 것인가 잘 선택해야 한다.

정보를 조금씩 주는 이유는 예측하기 어렵게 하기 위해서다. 스토리가 뻔하게 흘러가면 시청자는 집중하지 못하고 금방 싫증을 내거나 딴 생각을 하게 마련이다. 영화가 끝나고 등장인물은 물론 제작진의 이름까지 확인하고 싶을 정도로 자리에 앉아 있게 만들려면, 정보를 전략적으로 조금씩 주는 스토리텔링을 구사해야 한다.

영상 스토리텔링은 영상으로 원하는 효과를 창조하는 연출이다. 영상 스토리텔링은 각본에 머물지 않는다. 화면의 안과 밖을 구분하는 프레임 설정과, 그 프레임 안에서 어떤 정보를 골라 담을까 하는 촬영과, 그 정보를 어떤 순서로 보여줄 것인가 하는 편집까지 정통해야 한다. 특히 어떤 카메라를 어디에 놓고 어떻게 찍을 것인가 하는 촬영은 갈수록 강력해지는 영상 스토리텔링 도구다.

5.4. 샷의 크기만 바꿔도 스토리가 된다

샷의 크기만 바꿔도 얼마든지 스토리텔링을 할 수 있다. 카메라 움직임이나 구도, 각도, 조명 같은 전문적인 요소는 잘 몰라도, 풀샷, 미디엄샷, 클로즈업 같은 다양한 크기의 샷을 이어가는 요령만 알면 나름대로 훌륭한 영상 스토리를 풀어낼 수 있다는 이야기다. 간단한 영상 몇 샷으로 6하원칙을 표현하는 것은 곧 영상문장 한 줄을 서술하는 것과 마찬가지다. 이제 영상 줄거리를 풀어가는 방법을 풀어보자.

WIDE SHOTS

EXTREME LONG SHOT (XLS)

VERY LONG SHOT (VLS)

LONG SHOT (LS)

MEDIUM SHOTS

(출처: itma.vt.edu)

MEDIUM LONG SHOT (MLS)

MEDIUM SHOT (MS)

MEDIUM CLOSE UP (MCU)

CLOSE UPS

CLOSE UP (CU)

BIG CLOSE UP (BCU)

EXTREME CLOSE UP (XCU)

스토리는 대개 풀샷으로 시작한다. '언제', '어디서'를 알려줘야 하기 때문이다. 동화로 치면 '옛날 옛적에 어느 마을에'(Once upon a time, there was a kingdom)로 푸는 것과 마찬가지다. 스토리를 끝낼 때도 주로 풀샷으로 맺는다. '행복하게 잘 살았단다'(And they lived happily ever after)로 마무리하는 장면이다.

카메라 움직임으로 보면, 줄거리를 시작할 때 주로 풀샷에서 줌인(zoom in)이나 줌다운(zoom down)으로 풀어가듯, 마칠 때는 줌아웃(zoom out), 줌백(zoom back), 줌업(zoom up), 버드아이뷰샷(bird-eye view shot)처럼 시작과는 반대로 풀샷을 끝(The End)으로 끌고 가는 것이다.

글을 쓸 때 첫 문장이 제일 어렵고 다음으로 끝 문장이 어렵다. 영상도 마찬가지다. 시작과 끝을 어떤 풀샷으로 어떻게 풀고 맺을 것인지 설정하면, 그 사이에 있는 웬만한 장면은 그리 어렵지 않게 술술 풀어갈 수 있다.

5.5. 샷의 크기를 자주 바꿔라

글을 읽을 때 문장이 길면 읽기 불편하다. 긴 문장이 계속 이어지면 맥락을 놓치기 쉽다. 내용이 점점 지루해지다가 결국 책을 덮게 된다. 그래서 글쓰기 요령에서 가장 먼저 가르치는 게 '짧게 써라'일 정도다.

영상도 마찬가지다. 샷의 길이가 길면 지루해질 수 있다. 샷 하나가 끊기지 않고 1~2분 이상 길게 이어지는 롱테이크(long take)는 공간도 바뀌지 않고 시간도 천천히 흘러 자칫 지루하다 못해 지겨울 수 있다. 패닝(panning)이나 달리(dolly)처럼 움직이는 카메라를 따라 샷의 크기가 계속 바뀌지 않는 한, 롱테이크는 별로 권하지 않는다. 숨가쁘게 바뀌는 장면이 많을수록 눈길을 끌기 때문이다. 글을 짧게 쓰듯, 샷도 짧게 끊어라.

샷이 짧을수록 스토리는 빠르게 전개된다. 긴장을 풀 틈을 주지 않는 것이다. 그래서 샷의 길이는 대개 영화는 10초, 뉴스는 3~6초, 광고는 1~2초 수준이다. 샷이 짧고 빠르게 변할수록 집중도가 높아지기 때문이다.

한 샷이 다른 샷으로 넘어갈 때, 샷의 크기를 계속 바꾸는 게 좋다. 샷이 짧아도 크기가 비슷하면 금방 지루해진다. 익스트림롱샷(extreme long shot)에서 익스트림클로즈업(extreme close up)까지, 샷의 크기를 바꾸려면 2단계 이상 건너뛰는 게 좋다. 원하는 영상의 호흡을 유지하면서 샷의 크기를 자주 바꾸라는 이야기다.

5.6. 리액션샷을 붙여라

화면에 같은 피사체가 계속 나오면 지루해진다. 샷의 크기를 바꾸더라도 피사체가 바뀌지 않으면, 형식적인 교장의 조례나 뻔한 성직자의 강론을 들을 때처럼 빨리 그 자리를 벗어나고 싶은 생각이 들게 된다. 카메라가 설교하는 교장이나 성직자를 계속 붙잡고 있을 수는 없지 않은가? 듣는 학생이나 신자들의 입장도 생각해야지.

자연스럽게 카메라를 말하는 사람에게서 듣는 사람에게로 돌리게 된다. 영상 스토리텔링에서 교장이나 성직자가 하는 설교의 분위기를 드러내려면 학생이나 신자들의 표정이나 태도를 보여주면 된다. 흥미롭다면 고개를 끄덕이거나 받아 적을 것이고, 따분하다면 하품을 하거나 턱을 괴고 딴 생각을 하는 장면이다.

리액션샷(reaction shot)은 같은 공간에 있는 등장인물 A에 대한 등장인물 B의 반응을 보여준다. A와 B가 대화나 행동을 서로 주고받을 때 각자의 반응, 곧 표정이나 몸짓의 변화를 정확하게 잡아내야 스토리텔링을 정교하게 다듬을 수 있다. 등장인물이 하는 대화나 행동에 시청자가 따라오게 만드는 것이다.

원하는 분위기를 시청자가 금방 파악하도록 할 때도 리액션샷이 필요하다. 검투사들이 결투할 때 관중이 소리를 지르거나, 귀신이 나타났을 때 공포에 질리는 장면 같은 것이다.

등장인물 A나 B와 다른 객관적인 시각을 담아야 할 때도 있다. 이 때는 등장인물 C의 표정이나 태도를 잡거나, 뭔가를 암시하는 소품으로 카메라를 돌리면 된다. 리액션샷이 인서트샷(insert shot)으로 발전하는 것이다.

5.7. 인서트샷을 챙겨라

등장인물 A와 B가 주고받는 대화나 행동도 자꾸 반복되면 지루해진다. 훈시하는 교장과 따분한 학생을 리액션샷으로 몇 번만 번갈아 보여줘도 싫증이 난다. 리액션샷도 같은 구조로 반복되면 단조로울 수밖에 없다.

전혀 다른 피사체로 카메라를 옮겨보자. 설교하는 교장과 하품하는 학생에서 벗어나 벽에 걸린 시계 같은 소품이나 교실 밖의 풍경 같은 배경을 잡는 것이다. 두 장면 사이에 끼워 넣는 인서트샷이다.

인서트샷은 클로즈업을 많이 쓴다. 어떤 분위기를 짙게 만들려는 의도다. 카메라가 설교하는 교장과 하품하는 학생에서 벗어나 벽에 걸린 시계를 비추는 것은 시간이 많이 흘렀거나 시간이 더디 간다는 심리를 암시하는 것이다. 자동차 추격 장면에서 변속기를 당기거나 가속기를 밟는 장면을 짧게 짧게 끼워 긴장감을 높인다.

스토리를 따라가는 데 놓쳐서는 안 되는 정보를 꼭 집어 알려줄 때도 인서트샷이 필요하다. 방에 들어갈 때 방 번호를 보여주거나 누르는 비밀번호를 두드러지게 보여준다. 슬쩍 건네받은 쪽지를 펼치거나, 특정한 물건의 상태나 소재를 알려줄 때 클로즈업 인서트샷이 등장한다.

새로운 장면으로 넘어가거나 뻔한 줄거리를 상상에 맡길 때도 인서트샷이 나온다. 침대에서 자다가 깨는 과정은 알람시계를 더듬어 누르는 장면으로, 어렵사리 만난 연인이 격하게 포옹하고 화톳불이 타오른 뒤 침대에서 행복하게 잠든 장면 같은 것들이다.

이 밖에도 인서트샷은 영상의 길이를 조절하거나 화질을 맞추는 식으로 편집 과정에 빠져서는 안 될 감초처럼 중요한 요소다. 촬영할 때 현장에서 미리 꼼꼼하게 챙겨 찍어두는 경륜이 필요하다.

5.8. 기자회견으로 보는 영상 스토리텔링

여러 사람 앞에서 무엇을 발표하는 사건을 영상으로 풀어보자. 대통령의 연설, 교수의 강의, 성직자의 강론, 사장의 사업계획 발표, 시민단체의 집회는 물론 가수의 공연이나 꼬마의 장기자랑 같은 사건이다. 몇몇 발표자가 수많은 청중 앞에서 진행하는 행사를 영상으로 어떻게 서술할 것인가?

예를 들어 TV 뉴스를 자세히 보면 기자회견의 영상 스토리텔링은 거의 비슷한 형식을 따르고 있다. 기자들이 현장에서 촬영하고 편집하는 과정에서 뉴스를 가장 효과적으로 전달하려는 스토리텔링의 고민이 공동의 경험으로 쌓인 것이다. 물론 그 순서나 샷의 크기를 꼭 그대로 따르지는 않지만, 이 문법만 익혀도 발표 행사 하나는 가뿐하게 풀어낼 수 있다.

① Full Shot: '언제', '어디서'라는 정보와 함께 현장의 분위기를 전달한다.

② One Shot: '누가'(발표자) '무엇'(내용)을 말하는지 잡아준다.

③ Reaction Full Shot: 모인 기자의 규모와 분위기로 발표내용의 무게를 짐작하게 한다.

④ Two Shot 또는 Three Sho : 기자의 표정이나 행동으로 집중된 분위기를 강조한다.

⑤ Close up: 발표자의 핵심 발언이나 행동, 또는 기자의 표정이나 행동을 부각해 분위기를 최고로 끌어올린다.

⑥ One Shot(인터뷰): 발표의 배경이나 전망을 육성으로 전달한다.

5.9. 스토리텔링에 맞춰 장면을 바꿔라

편집을 하다 보면 장면을 전환해야 하는 경우가 생긴다. 스토리가 바뀌기 때문이다. 스토리의 흐름에 따라 장면을 어떻게 바꾸는 게 좋은지 알아보자.

장면전환을 이해하려면 먼저 테이크, 샷, 씬, 시퀀스 같은 몇 가지

용어를 알아야 한다. 테이크(Take)는 찍은 영상이다. 아직 편집을 거치지 않은 영상이다. NG(No Good)가 나는 경우 다시 찍으면 Take1, Take2, Take3…으로 숫자를 이어 몇 번째 촬영하는 장면인지 표시한다. 컷(Cut)은 편집을 거쳐 실제로 들어간 영상이다. 씬(Scene)은 같은 시간과 공간에서 찍은 여러 컷을 모아 만든 영상이다. 시퀀스(Sequence)는 여러 개의 씬으로 이뤄진 작은 사건이다. 영화 한 편은 보통 20개 정도의 시퀀스로 구성된다. 시퀀스는 다시 여러 개가 모여 장(Chapter)이나 막(Act)을 이룬다. 기-승-전-결 같은 거대한 흐름에 필요하다.

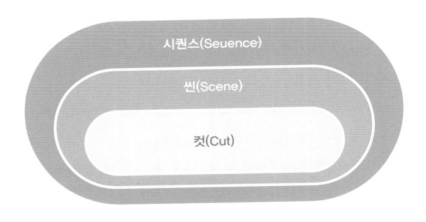

장면전환은 시퀀스별로 한다. 이야기 하나가 끝났으니 새로운 이야기로 넘어가겠다는 뜻이다. 장면이 바뀌는 걸 보고 시청자는 이야기 하나가 일단 마무리된 걸 알고 잠시 쉴 틈을 얻는다. 장면전환에는 스토리텔링에 따라 다양한 광학기법이 동원된다.

① 컷(Cut): 장면과 장면을 그냥 이어 붙이는 가장 일반적인 방법이

다. 광학적인 작용 없이 그대로 장면을 바꾼다.

② 디졸브(Dissolve): 앞뒤 장면이 겹쳐지면서 장면이 전환되는 기법이다. 오버랩(O.L) 이라고도 한다. 한 화면이 서서히 사라지면서 다른 화면이 겹쳐 나타난다. 시간의 흐름이나 회상, 기대 같은 내용을 표현하며, 앞뒤 장면이 연관이 있다는 것을 암시한다. 스토리에 여운을 남기는 효과가 있다.

③ 와이프(Wipe): 앞 장면이 자동차 와이퍼로 닦이듯 깨끗이 사라지고 뒤 장면이 나타난다. 한 화면을 밀어내면서 다른 화면이 나타나는 전환 기법. 주로 시간의 흐름이나 장소의 이동을 나타내며, 화면의 속도감을 주기 위해 사용하기도 한다.

④ 페이드(Fade): 화면이 점점 밝아지거나(Fade-in, F.I.), 점점 어두워지는(Fade-out, F.O.) 기법이다. 줄거리 전개에서 시간의 경과를 나타내기 위해 사용되는 경우에 많이 쓴다. 드라마는 페이드인에서 시작하고 페이드아웃으로 끝나는 경우가 많다.

⑤ 스매시컷(Smash Cut): 아주 강력한 소리나 이미지로 예상하지 못한 충격을 주면서 장면을 바꾸는 기법이다. 시끄러운 장면에서 갑자기 조용해지거나, 조용한 장면에서 갑자기 시끄러운 장면으로 넘어간다. 악몽을 꾸거나, 악몽에서 잠이 깨는 장면에서 주로 볼 수 있다.

⑥ 매치컷(Match Cut): 비슷한 인물이나 소품을 이용하여 두 장면을 자연스럽게 이어 붙이는 기법이다. 비슷한 상황이나 비슷한 동작을 이용하거나, 화면이 어두워지는 틈을 타거나, 소리를 따라 이동하기도 한다. 빠르게 움직일 때 나타나는 모션블러(Motion Blur)를 이용하는 방법도 있다.

⑦ **점프컷**(Jump Cut): 일부러 동작의 연속성을 깨면서 속도감을 강조하여 급박한 상황을 암시하거나 불필요한 장면을 삭제하는 용도로 쓴다. 예를 들어 귀신이 갑자기 다가오거나, 앳된 소녀가 단숨에 여인으로 성장하는 장면이다.

⑧ **프리즈프레임**(Freeze Frame): 잘 움직이다가 사진처럼 멈추는 상태로, 홀드 프레임(Hold Frame) 또는 스톱모션(Stop Motion)이라고도 한다. 특정 장면을 강조하기 위해 갑자기 정지한 영상에 주인공의 독백을 담아 사건의 배경이나 숨은 이야기로 관객의 이해를 돕는 용도로 쓴다.

⑨ **크로스커팅**(Cross Cutting): 같은 시간 다른 장소에서 벌어지는 사건을 맞물리게 편집하는 것이다. 시간의 전후 관계에 따라 둘 이상의 장면을 맞물리게 놓아 서스펜스를 점증시키는 전략으로 영화의 클라이막스에 사용하는 보편적인 기법이다. 동시 행위효과를 얻기 위해 화면을 반반 나누어 편집할 수도 있다. '교차편집'이라고도 한다.

⑩ **인서트샷**(Insert Shot): 장면 사이에 아주 짧은 한 장면을 넣어 긴장감을 높이는 식으로 원하는 효과를 주기 위해 쓰는 기법이다. 스토리에서 의미 있는 인물이나 사물 또는 상황을 짧게 넣어 스토리텔링을 보완하기도 한다.

⑪ **아이리스샷**(Iris Shot): 렌즈 앞을 일부 가려 프레임 일부를 어둡게 가리는 마스킹샷(Masking Shot)의 하나다. 동그란 원이 작아지거나 커지면서 어떤 부위를 강조하면서 장면을 끝내거나 시작하는 기법이다. 영화 007 시리즈에서 자주 사용됐다.

⑫ 엘컷(L Cut): 한 장면에서 오디오만 남겨 다음 장면에도 오디오를 이어가는 기법. 예를 들어 킹콩이 소리 지르는 장면에서 다음 장면으로 넘어갈 때 소리가 이어지도록 하는 것이다. 레이어를 보면 비디오 레이어 아래 오디오 레이어가 'L'자 모양으로 나타난다. 앞 장면의 오디오를 다음 장면으로 이어가고 싶을 때 효과적이다.

⑬ 제이컷(J Cut): 한 장면이 끝나기 전에 다음 장면에서 나오는 소리를 먼저 들려주면서 장면을 이어간다. 킹콩이 소리지르는 소리가 먼저 들리면서 킹콩이 나타난다. 레이어를 보면 비디오 레이어 아래 오디오 레이어가 'J'자 모양으로 나타난다. 다음 장면에서 새로운 요소가 등장할 때 효과적이다.

6장

동영상 제작에 필요한 저작권

6.1. 백설공주가 독사과를 먹은 이유

백설공주는 사과를 잘못 먹어 죽을 뻔했다. 변장한 사악한 계모가 내민 독사과를 아무 의심 없이 그냥 깨물었기 때문이다. 신분을 알 수 없는 사람이 건넨 사과를 왜 의심하지 않았을까? 출처를 알 수 없는 사과를 왜 넙죽 베어 물었을까? 궁전에서 나오는 맛난 음식을 먹고 싶은 대로 먹는 바람에 먹을 음식을 가리는 '푸드 리터러시'(Food Literacy)를 배우지 못한 탓이다.

콘텐츠도 마찬가지다. 정체를 알 수 없는 길거리 음식은 함부로 먹지 말아야 하듯이, 출처를 알 수 없는 인터넷 콘텐츠도 함부로 사용하면 낭패를 당할 수 있다. 인터넷에 떠도는 사진이나 그림이나 동영상은 별거 아닌 것 같아 보여도 그냥 갖다 쓰면 절대 안 된다. 내려받아 쓰기는 쉽지만 그 피해는 파악도 할 수 없을 만큼 클 수 있다.

나름 멋진 동영상을 만들었는데, 뜻하지 않게 저작권 문제로 경고를 받거나 고소를 당하는 경우가 점점 늘고 있다. 저작권 규정이 갈수록 엄격해지면서 미처 알지 못했거나, 알아도 사소하게 여긴 침해 때문에 생각보다 큰 대가를 치를 수도 있다. 게다가 요즘은 영상에 전자지문(디지털DNA)을 심어 복제나 위조를 금방 확인할 수 있지 않은가?

인터넷 자료를 함부로 갖다 쓰는 것은 저작권 침해에 그치지 않는다. 정보보안까지 걱정해야 한다. 컴퓨터가 컴퓨터 바이러스나 랜섬웨어(Ransomware)에 감염되어 소중한 자료를 잃거나, 좀비 컴퓨터가 되어 개인정보는 물론 금융정보까지 왕창 털릴 수도 있다.

음식은 가족이 직접 요리하거나, 음식점에서 조리하거나, 허가받은 공장에서 만든 것이라야 안심하고 먹을 수 있다. 영상도 직접 만들거나 돈을 주고 구입하거나 이용허락 받은 것을 사용해야 안심할 수 있다. 정보시대에는 '푸드 리터러시'만큼 '저작권 리터러시'(Copyright Literacy)도 중요하다. 인터넷에 있는 콘텐츠는 누구나 자유롭게 보라고 올린 것이다. 내려받아 다른 콘텐츠를 만들어도 좋다고 허락한 것이 아니다. 감상과 이용은 구분해야 한다.

동영상은 저작권에서 챙겨야 할 항목이 너무 많다. 영화가 종합예술인 만큼, 동영상도 구성하는 모든 장면에 들어 있는 모든 항목을 다 챙겨야 한다. 모든 등장인물의 의상과 소품과 배경은 물론 글꼴과 음악과 디자인과 스토리텔링까지 세심하게 저작권을 살펴야 한다. 사소한 사진 한 장 잘못 내려받아 낭패를 당하지 않도록 조심해야 한다.

출판사나 방송사는 고소, 고발 같은 숱한 법정 분쟁을 거치며 저작권 기반을 닦아왔다. 지금 출발하는 1인 미디어 창작자는 경험이 적고 저작권 교육을 제대로 받지 못해 인식이 부족할 수밖에 없다. 저작권 침해는 돈을 물어준다고 끝나는 문제가 아니다. 형사 책임도 질 수 있다. 영리를 목적으로 하거나 상습적으로 저작권을 침해하면 권리자의 고소 없이도 공소가 가능하다. 동영상 하나 만들어 유튜브에 올리더라도 출판사와 방송국 차원의 저작권 기준을 나름대로 갖추고 있어야 한다. 1인 미디어도 미디어로 대접받으려면 저작권 문제까지 스스로 해결하는 능력을 갖춰야 하는 시대다.

6.2. 찍기 전에 초상권과 저작권을 따져라

영상을 만들 때 저작권이 매우 복잡하고 까다롭기 때문에 웬만한 콘텐츠는 직접 만드는 게 상책이다. 골치 아픈 저작권 문제에서 벗어날 수 있는 최선의 방법이다. 하지만 동영상을 직접 찍더라도 미리 챙겨야 할 항목이 많다. 아무데나 카메라를 들이대면 또 다른 침해가 발생할 수 있다.

제일 먼저 챙겨야 할 게 초상권이다. 헌법에 보장된 초상권은 반드시 동의를 받아야 하며, 동의조건과 다르게 사용하면 안 된다. 인터뷰의 주인공은 물론 배경에 나오는 사람에게도 동의를 받아야 한다. 동의를 받을 때는 2가지를 구체적으로 밝혀야 한다. "찍어도 되는지"와 "인터넷에 올려도 되는지"다. 법률 용어로 복제권과 전송권에 대한 동의다. 스마트폰으로 찍는 것은 복제에 대해 동의를 받는 것이고,

유튜브에 올리는 것은 전송에 대해 허락을 구하는 것이다. 애써 찍었다가 미처 전송 동의를 받지 못해 유튜브에서 내리는 경우도 흔하다.

찍는 대상이 사람이 아니어도 조심해야 한다. 다른 사람의 얼굴이 나온 사진이나 영상을 찍어도 초상권 침해가 될 수 있다. 원격회의나 원격수업을 듣다가 발표자나 참여자가 나온 화면을 찍거나 저장해서 사용할 때도 반드시 동의를 받아야 한다. 연예인 얼굴이 나온 티셔츠도 연예인이 크게 부각되지 않도록 하는 게 좋다. 참고로 초상권은 인격적 권리이기 때문에 본인만 주장할 수 있다.

어떤 공간을 촬영할 때도 주인(소유주)의 동의가 필요한 경우가 많다. 예를 들어 유명한 맛집에서 '먹방'을 찍으려다 영업에 방해된다는 주인의 반대로 무산되는 경우다. 어떤 건물이나 사유지를 찍을 때도 광고처럼 영리를 목적으로 한다면 주인의 허락을 받는 게 좋다. 하다못해 광고에 쓰려고 이웃집 강아지를 찍더라도 미리 동의를 받아야 하지 않는가? 개방된 장소에 항상 전시되어 있는 조각상이나 건축물은 예외다. 광화문 거리를 찍는데 이순신 장군이 배경에 나와도 괜찮다는 것이다. 이른바 '파노라마의 자유'다.

찍는 대상에 저작물이 포함되어 있다면 신중해야 한다. 저작물 촬영은 복제에 해당하기 때문에 저작권 침해가 될 수 있다. 저작권이 있는 책이나 연극, 영화, 게임, 캐릭터는 촬영해서 활용할 수 있는 범위가 제한되어 있다. 예를 들어 직접 돈을 주고 소유한 캐릭터 인형을 찍더라도 곤란할 수 있다. 소유권과 저작권은 다르기 때문에 인형에 대한 저작권을 침해할 수 있다. 영화나 게임의 주요 장면을 오랫동안 보여주는 것도 조심해야 한다. 특히 영화는 유튜브에 올리지 않더라도 '도촬'(도둑촬영) 자체가 불법이다. 현장의 배경음악도 신경 써야 한다. 저절로 녹음된 현장 음악 때문에 애써 찍은 영상을 내리는 경우도 제법 흔하다.

6.3. 영리 목적이 아니라면

공익적인 목적을 갖거나 영리를 목적으로 하지 않는다면 다른 사람의 저작물을 조금 이용해도 되지 않을까? 내심 가장 당연하게 생각하는 질문이다. 돈을 벌 의도가 전혀 없다는 순수한 생각만큼 순진한 행동이 될 수 있다.

영리를 목적으로 하지 않고 출처까지 밝힌다고 해도 자료를 내려받으면 저작권을 침해하는 것이다. 자료를 내려받는 그 자체가 복제권을 침해하기 때문이다. 저작자의 이름과 출처까지 표시하더라도 복제권 침해는 변하지 않는다. 단순히 보기만 하는 경우도 마찬가지다. 내려받은 자료를 개인적으로 이용하는 것은 상관없지만, 링크를 걸어서 다른 사람이 감상하거나 이용할 수 있도록 하는 것은 저작권 침해, 그중에서도 복제권과 전송권 침해가 될 수 있다.

영리적인 목적이 아니라고 주장하는 것도 혼자 생각일 수 있다. 유튜브에 영상을 올리면 조회, 구독, 시청시간에 따라 수익이 발생하기 때문에 영리성이 전혀 없다고 할 수 없다. 생긴 수익을 모두 기부한다고 해도 원칙적으로 이용허락을 받아야 한다. 어린이에게 삽화를 보여주며 동화책을 읽더라도 영상으로 만들어 올리려면 저작권자에게 허락을 받는 게 좋다. 본인이나 친족의 자녀만 보는 사적이용(Private Use)에서 조금이라도 벗어난다면 말이다. 예를 들어 시각장애인을 위해 책을 읽어주는 영상을 유튜브에 올리는 것처럼, 공익적이고 비영리적인 목적이라도 다른 사람의 저작물을 이용하려면 허락을 받아야 한다.

설사 저작권을 침해해서 얻은 이익이 전혀 없어도 손해배상을 물게 될 수 있다. 상대방은 돈을 받고 팔 수 있는 것을 팔지 못한 셈이기 때문에, 그에 상당하는 금액, 곧 팔았을 때 받을 수 있는 금액만큼 손해배상을 청구할 수 있다.

6.4. 교육을 목적으로 하면

교육을 목적으로 하는 경우 저작권 침해를 상대적으로 가볍게 보는 경우가 많다. 교육을 하려면 어쩔 수 없이 교과서나 부교재는 물론 유명한 저작물을 불가피하게 인용할 수밖에 없기 때문이다. 또 교육의 영역을 지나치게 넓게 잡기도 하고, 공익 목적이라고 자의적으로 해석하기 쉽다. 실제로 저작권법(제25조)은 교육의 공공성을 고려하여 교육 목적의 필요에 따라 공표된 저작물을 저작자의 허락 없이 복제 전송 등 자유롭게 이용할 수 있도록 규정해두었다.

하지만 저작자의 허락 없이 동영상을 만들어 학생에게 틀어주거나 복제 배포하면 출판사 같은 사업자는 판로를 잃고 영업에 큰 타격을 받을 것이다. 또 교사는 물론 학생까지 공정이용과 표절의 경계를 구분하지 못해 교육윤리나 연구윤리에 큰 혼란이 일어날 수 있다. 특히 요즘은 교육에 영상을 활용하는 경우가 늘어나고 원격수업과 원격교육이 확산되면서 저작권 침해가 '복제권 침해'를 넘어 '전송권 침해'로 확산되고 있다.

수업을 목적으로 자유롭게 복제·배포·공연·전시·방송하거나 전송할 수 있는 저작물은 문학·음악·미술 등 저작물 종류를 가리지 않는다. 분량이 문제다. 공표된 저작물의 일부분만 사용해야 한다. 공정이용으로 인정받는 범위는 ① 어문(논문, 소설, 시, 수필 등)은 1~10% 이내, ② 음악은 5~20% 이내(5분 이내), ③ 영상은 5~20% 이내(15분 이내)다.

교육부가 인정하는 교과서를 인용할 때도 저작권자의 허락을 받아야 한다. 예를 들면 교육부가 사교육을 줄이기 위해 만든 EBS의 '교과서 과외'를 진행할 때도 교과서 출판사에 저작권 이용 대가를 지불하기도 했다. 학생이 과제로 제출한 영상도 저작권이 인정된다. 예술적인 가치나 경제적인 가치가 크지 않아도 저작물을 만드는 순간 어린이도 창작자로 보호를 받는 것이다.

저작권법에서 인정하는 수업의 범위도 한정된다. 유아교육법과 초·중등 교육의 교육과정(교과, 창의체험활동)과 학교장의 지휘감독 아래 이뤄지는 교육활동으로 구체적인 수업 일시와 내용이 정해져 있는 수업을 의미한다. 교사의 지도를 받는 운동회나 수학여행은 포함되지만, 학생들이 자율적으로 하는 동아리, 환경미화, 봉사활동은 포함되지 않는다. 수업 목적도 잘 따져야 한다. 예를 들어 수업에서 단순히 집중도와 흥미를 높이기 위해 영상이나 음원을 사용하면 학습 목적으로 보기 어렵다.

6.5. 원격교육에서 깊어지는 고민들

코로나19로 교육 환경이 완전히 바뀌었다. 교실이나 강의실에 모여 함께 수업이나 강의를 들을 수 없게 되면서 원격수업이나 원격교육이 일상으로 자리잡았다. 이 같은 원격 생활이 늘어나면서 뜻하지 않게 저작권을 비롯한 다양한 권리를 침해할 수 있다. 오프라인에서 미처 상상하지도 못한 '범죄'가 온라인 교육에서 쉽게 발생할 수 있다는 것이다. 교육부를 비롯한 해당 기관은 수업목적으로 출처를 밝히고 무단복제하면 안 된다는 식의 일반적인 지침만 안내하는 데 그치기 때문이다.

일선 학교에서 진행하는 원격교육도 교육이기 때문에 공정이용 차원에서 오프라인과 마찬가지로 허용범위가 넓을 것으로 잘못 알기 쉽다. 특히 우리나라는 '교육' 목적에 대해서는 상당한 관대한 관습을 갖고 있어, 공익을 목적으로 출처를 밝히고, 영리를 추구하지 않으면 될 것이라는 순진한 착각에 빠지기 쉽다. 기술이 발달하는 만큼 법규도 촘촘해지기 때문에 원격교육에서 지켜야 할 의무와 예절이 점점 절실해지고 있다. 원격교육은 인터넷에 자료가 남기 때문에 배상금을 노리고 활동하는 '저작권 사냥꾼'이 기승을 부릴 수도 있다.

원격교육은 디지털 방식의 복제와 전송을 기본으로 하기 때문에 복제권과 전송권에 대한 점검이 필수적이다. 교과서나 교재를 복제해서 영상으로 올리고 전송하는 교육 행위에 대해 교사가 마음놓고 진행할 수 있도록 저작권을 비롯한 교육 환경을 전반적으로 정비해야 한다. 예를 들어 교과서라고 해서 그대로 통째로 이용할 수는 없다. 일부 사진이나 글은 이용할 수 있지만, 교과서 PDF 파일을 통째로 제공하면 안 된다. 학습자료를 학교 홈페이지 외에 동아리 카페나 개인 블로그, 유튜브에서 이용할 경우, 일부만 그것도 수강을 신청한 학생만 접근할 수 있도록 해야 한다. 문제집은 더 심각하다. 문제집은 어문저작물이기 때문에 원격수업에서는 최대 10% 범위에서 활용할 수밖에 없다. 음악수업에서 다양한 음원을 활용하거나 미술수업에서 예술작품을 보여주는 데도 제약이 따를 수밖에 없다.

당장 불편한 것은 교사가 만드는 수업자료다. 교과서 외에 학습을 돕기 위해 직접 만든 자료를 확인하고 저작권이나 초상권으로 문제가 될 만한 부분을 찾아 하나하나 새로 만들거나 삭제해야 한다. 교실에서 하는 수업에서는 아무 문제 없었지만, 원격교육에서는 꼼꼼하게 확인해야 한다. 가장 큰 문제가 글꼴이다. 글꼴 저작권에 대한 인식이 매우 낮은 데다 무료로 알았던 글꼴도 사용범위가 묶여 있는 줄은 모르기 때문이다. 저작권이 있는 자료마다 일일이 출처를 달아야 하는 것은 물론 자료 전체에 대해 접근제한, 복제방지, 경고문구 같은 사용자 제한조치도 확인해야 한다. 관리상의 사고도 대비해야 한다. 인터넷에 올려놓은 자료를 비밀번호를 알고 있는 다른 교사나 학생이 유출할 경우 책임을 뒤집어쓸 수도 있기 때문이다.

교사는 교과서만으로 수업을 진행하지 않는다. 유능한 교사일수록 학생들의 이해를 돕기 위해 재미있고 시사적이며 교육효과가 높은 콘텐츠를 자주 사용하는 편이다. 저작권을 꼼꼼히 따지다 보면 원격교육에서 이런 유용한 콘텐츠는 활용하기가 거의 불가능해진다. 예를 들어 교사가 가져온 영상이 교육 목적이라기보다 동기유발 목적이라면 어떻게 할 것인가? 유능하고 의욕적인 교사일수록 저작권 위반에 대한 걱정이 클 수밖에 없다.

원격교육을 1회용에 그치지 않고 녹화해서 계속 활용하거나, 우수 사례로 소개하거나 보고할 때도 머리가 아파진다. 교사가 직접 만든 자료의 저작권이 교사에게 있듯이, 학생이 발표한 자료의 저작권은 학생에게 있기 때문이다. 저작권에 대해 일일이 동의를 받아야 할 뿐 아니라, 수업에 참여한 모든 구성원의 초상권까지 챙겨야 한다. 출석을 확인하기 위해 화면을 촬영하거나 갈무리하는 경우 초상권에 대해 미리 동의를 구해야 한다.

학생이 지켜야 할 주의사항도 부쩍 늘어났다. ① 과제를 만들 때 인터넷 자료를 복사하지 말 것 ② 교사나 친구가 만든 자료를 함부로 이용하지 말 것 ③ 공유사이트나 웹하드에서 자료를 주고받지 말 것 ④ 문제집이나 참고서 같은 학습자료를 복제해서 올리지 말 것과 같은 내용들이다. 주의사항은 학습자료에 그치지 않는다. 각급 학교에서 보낸 가정통신문을 보면 ① 허락 없이 교사나 학생의 사진을 공개하거나 얼굴 평가를 하는 경우 ② 수업 내용을 마음대로 편집하여 내용과 달리 퍼뜨리는 경우 ③ 합성사진을 만들어 다른 용도로 유포한 경우 ④ 강의 영상이나 자료를 다른 사람에게 제공하는 경우 처벌받을 수도 있다고 당부하고 있다.

원격교육에서 깊어지는 고민은 공교육에만 해당하지 않는다. 영리를 목적으로 하는 사교육은 챙겨야 할 게 훨씬 더 많다. 학원이 교과서를 복제 전송하는 경우 저작권 침해를 어떻게 감당할 것인가? 학원은 영리를 목적으로 하는 그 속성으로 볼 때 저작권이나 초상권 침해에 무심할 우려가 매우 높다. 경쟁이 심하기 때문에 저작권을 빌미로 교육비를 높이거나 분쟁이 늘어날 수 있다.

직원을 대상으로 하는 기업교육이나 대중을 상대로 하는 사회교육도 저작권이나 초상권 같은 권리 침해 때문에 상당한 기간 동안 주춤하게 될 것이다. 저작권을 잘 모르는 대부분의 강사는 '저작권 사냥꾼'의 먹이가 될 수 있는 반면, 저작권에 밝은 유명 강사는 원격강의에 추가되는 복제권과 전송권과 초상권을 내세워 훨씬 많은 강의료를 요구할 가능성이 높다. 강연 자료나 영상을 따로 갈무리하거나 전송하는 경우 동일성유지권도 지켜야 한다. 영상이 저작권에서 가장 복잡한 콘텐츠인 만큼, 온갖 상황에서 저작권 침해에 대비해야 할 활동은 원격교육일 수밖에 없다.

6.6. 유명 저작물을 해설하려는데

좋은 콘텐츠를 보면 두고두고 감상하고 싶고, 다른 사람에게 알려주고 싶고, 해설이나 댓글을 달고 싶은 욕구가 생기게 마련이다. 좋은 책을 읽거나, 멋진 그림이나 사진을 만나거나, 인상 깊은 영화를 보는 경우 그 느낌이나 비평을 남기거나 전달하고 싶기 때문이다. 최근 1인 미디어 붐이 일면서 이런 활동이 개인적인 취미에 그치지 않고 영리 목적으로 확산되고 있다.

예를 들어 책을 읽어주는 영상은 어디까지 가능할까? 책의 줄거리를 요약하거나 핵심 구절을 읽어주는 영상이다. 이런 영상도 저자와 출판사 같은 저작권자의 동의를 받아야 한다. 시·소설·동화 같은 어문저작물은 짧은 문장 몇 줄 읽더라도 저작권 침해에 해당할 수 있다. 문의할 때 어떤 범위에서 어디까지 허용되는지 구체적으로 답을 받아두는 게 좋다. 일부분만 인용하면 공정이용으로 면책 받을 수 있지만, 책을 읽어주는 영상이 책과 경쟁하는 관계가 된다면, 곧 영상이 책의 대체재가 된다면 자유 이용의 허용 가능성이 떨어진다. 책 표지나 주요 페이지를 내려받아 올리는 것도 원칙적으로 저작권법 위반이다. 긴 내용을 잘못 정리하면 동일성유지권 침해로 문제가 될 수도 있다.

화가의 그림이나 작가의 사진을 올리는 것도 당연히 허락을 받아야 한다. 그러면 그대로 따라 그리거나 찍어서 올려도 될까? 보통 복제는 인쇄, 사진촬영, 복사, 녹음, 녹화와 같이 기계를 이용하는 경우로 알고 있지만 필사도 마찬가지다. 손으로 직접 베끼더라도 엄연히 복제다. 단순히 아이디어만 얻거나, 변형의 정도가 커 저작물과 차이가 많이 난다면 저작권 침해가 되지 않는다. 참고하는 수준이면 괜찮지만 그대로 그렸다면 저작권자에게 허락을 받는 게 좋다.

좋아하는 가수가 노래를 부르는 영상을 올리는 것은 당연히 허락을 받아야겠지만, 노래를 따라 부르고 춤을 따라 추는 영상은 올려도 될까? 어린 딸이 의자에 앉아 손담비의 '미쳤어'를 따라 부르는 것을 찍어 올리는 정도는 공정이용에 해당하는 것으로 판결났다. 하지만 유명 가수의 노래와 동작을 따라 하는 거의 대부분의 영상은 작곡자·작사가·가수 등 저작권자나 저작인접권자의 권리를 침해할 수 있다. 단지 저작권자가 그 권리를 방임하거나 포기했기 때문에 모르고 쉽게 따라 하는 것이다. 예를 들어 싸이는 '강남스타일'을 그대로 흉내내는 것은 물론 '경찰스타일'이나 '대구스타일'처럼 패러디 하는 것까지 허용했기 때문에 세계적으로 큰 인기를 끌 수 있었다.

단, 유명한 저작물의 제목은 유튜브 채널 이름으로 사용할 수 있다. '어린 왕자'나 '애마부인' 같은 제목은 저작권법의 보호를 받지 못하기 때문이다. 저작물성의 요건을 지키지 못하기 때문에 보호를 받을 수 없다. 단순한 표어나 구호도 마찬가지다.

6.7. 해외 저작물을 이용하려는데

인터넷 덕에 세계 각국의 콘텐츠를 쉽게 이용할 수 있게 됐다. 먼 나라 딴 나라의 이야기가 이웃 나라처럼 가깝게 들린다. 영상을 만들 때 글과 사진과 영상을 그대로 가져다 쓰고 싶은 유혹을 자주 느낀다. 먼 나라 딴 나라의 콘텐츠인데 조금 이용하는 것은 별문제가 없지 않을까? 저작권자가 나를 찾기 힘들 뿐더러 어차피 나도 그들의 동의를 구하기 어렵지 않은가?

저작물도 무역의 대상이다. 세계무역기구(World Trade Organization, WTO)는 회원국에 따로 등록하지 않아도 저작물은 본국과 마찬가지로 창작되는 순간부터 저작권을 보호받을 수 있도록 했다. 한국은 물론 세계 거의 모든 나라가 회원이기 때문에 해외 저작물의 저작권에 신경써야 한다. 중국은 물론 북한도 회원국이다.

그러다 보니 해외저작권도 상당히 촘촘하기 때문에 신경을 많이 써야 한다. 특히 학습을 목적으로 하는 경우 저작권 문제를 간과하기 쉽다. 예를 들어 학습 동아리에서 해외뉴스를 번역해서 회원만 인터넷카페에서 무료로 볼 수 있도록 하는 경우 저작권 침해가 될 수 있다. 영리를 떠나 여러 사람이 접근할 수 있는 인터넷카페에 올린다면 사적 이용의 범위를 넘어서기 때문이다. 중국 동아리에서 학습 목적으로 중국 노래를 번역해서 올리는 것도 안 된다. 저작자(작곡자·작사자)가 살아 있거나 사망한 지 70년이 지나지 않았다면 저작권이 살아 있기 때문에 저작권을 침해하는 것이다. 우리나라는 물론 세계 어느 나라도 마찬가지다.

해외저작물을 번역한 결과는 2차 저작물로 독자적인 저작물로 보호를 받을 수 있다. 하지만 2차 저작물을 만들 권리 역시 원저작자에게 있기 때문에 동의 없이 번역하는 것은 2차적저작물작성권을 침해하게 된다. 원저작물을 번역·편곡·변형·각색하여 영상을 만들려면 반드시 원저작자의 허락을 받아야 하는 것이다.

북한의 저작물을 이용하는 것도 조심해야 한다. 북한에 저작권 이용허락을 받을 수 없다는 차원이 아니라, 북한도 세계무역기구는 물론 저작권을 국제적으로 보호하는 베른협약에도 가입했기 때문이다. 북한의 저작물은 대한민국 헌법에 따라 '국내 저작물'로 해석되기 때문에, 업무를 대행하는 남북경제문화협력재단을 통해 이용허락을 받아야 한다.

6.8. 출처를 밝히면 되지 않을까?

다른 사람의 저작물을 이용하더라도 출처와 저작권자를 밝히면 괜찮을 것이라고 여기는 사람들이 뜻밖에 많다. 자신이 큰 혜택을 보는 것도 아니고 다른 사람에게 별다른 피해를 주는 것도 아니기 때문에, 출처를 표시하는 정도로 최소한의 예의만 갖추면 되지 않을까 하는 안이한 생각이다.

글을 인용할 때와 마찬가지로, 영상을 이용할 때도 출처와 저작권자 표기는 반드시 해야 하는 의무다. 표시만으로 면책되지 않는다. 다른 저작물을 단순 인용하거나 공정이용하더라도 출처를 표시해야 한다. 출처명시 의무를 어길 경우 500만 원 이하의 벌금을 물게 될 수 있다.

출처를 표시하려는데, 인터넷에는 출처를 알 수 없는 영상이 너무 많다. 서로 베끼고 베낀 탓에, 서로 복제하고 가공한 탓에, 어느 게 원본인지 누가 저작권자인지 알기 힘든 경우가 많다. 최소한 출처를 추정하는 방법이라도 알아야 한다. 구글 이미지 사이트(https://www.google.co.kr/imghp?hl=ko)에 들어가 검색창에서 카메라 아이콘을 누른 뒤, 찾고 싶은 이미지를 직접 올리거나 이미지를 담고 있는 인터넷 주소(url)을 입력하면 출처를 추정할 수 있다. 또는 이미지 위에 커서를 놓고 마우스 오른쪽 버튼을 눌러 'Google에서 이미지 검색(S)'를 선택하면 된다. 내가 만든 영상을 누가 허락받지 않고 이용하는지도 찾아낼 수 있다. 이미지 검색 기능이 갈수록 진화하는 데다 전자지문(디지털DNA)으로 복제나 위조를 금방 확인할 수 있는 시대다.

출처 표시는 '합리적이라고 인정되는 방법'을 따르면 된다. 대개 인용한 저작물의 저작권자와 수록매체 따위를 밝히며, 인터넷에서 다른 사람의 글이나 사진을 퍼온 경우 원본이 있는 웹사이트 주소를 나타내도 된다. 가장 널리 쓰이는 방식으로 6하원칙에 따라 누가(저작자), 언제(발행연도), 무엇을(제목), 어디서(매체) 같은 항목을 순서대로 밝혀주면 된다. 국가나 기관에 따라 차이는 있지만, 주요 매체별로 일반적인 표기원칙을 알아보자.

* **책에서 글을 가져올 때: 저자, 도서, (번역자), 출판사, 발행연도, 인용페이지**

　　허균, 『홍길동』, 활빈당출판사 (2020), p. 24

* **신문 · 인터넷에서 기사를 가져올 때: 기자, 제목, 신문, 날짜(접속일자), 면수**

　　허균, "홍길동이 나타났다", 〈활빈일보〉, 2020.10.10., 7면

　　허균, "홍길동이 나타났다", 〈인터넷활빈일보〉, http://hwalbin.co.kr

　　　(2020.10.10.)

* **논문 · 학술지에서 가져올 때: 저자, 논문제목, 기관, 출판연도, 페이지**

　　허균, 「홍길동이 나타났다」, 활빈학회 (2020), p. 24

* **웹사이트에서 가져올 때: 제목, 사이트, 접속일자, URL(인터넷주소)**

　　"홍길동이 나타났다", 〈활빈블로그〉, 2020년 10월 10일 접속, http://hwalbin.co.kr.

미국의 비영리기구인 '크리에이티브 커먼즈'(Creative Commons)는 인터넷에서 저작물 이용을 늘리기 위한 표시 기준(http://ccl.cckorea.org/reuse/source-display/)으로 제목, 저작자, 출처링크, CC 라이선스를 표기토록 했다. 2015 CC Global Summit에서 찍은 CC 마카롱 사진을 예로 들어보자. CC 라이선스 중 CC BY가 적용됐다. 이 사진의 제목은 DSC_1253, 저작자는 CCKorea, 출처는 제목에 링크(https://www.flickr.com/photos/wowcckorea/22481186396/)로 걸려 있다. 라이선스는 CC BY(저작자와 출처만 표시하면 자유롭게 이용 가능)다.

6.9. 인용은 정당하게, 이용은 공정하게

저작권이 걸린 저작물이라도 몇 가지 조건에 맞으면 굳이 저작자의 허락을 받지 않고 맘 편하게 이용할 수 있는 방법이 있다. 정당한 범위와 공정한 관행 아래, 저작물을 인용하는 경우와 공정이용 조건을 따르는 경우다.

'인용'이란 어떤 주장의 근거나 비판 또는 참고자료로 삼기 위해 다른 사람이 만든 저작물의 일부를 가져오는 것이다. 저작권법은 ① 보도·비평·교육·연구 등을 위해 ② 정당한 범위에서 ③ 공정한 관행을 따르면, 저작권자의 허락 없이도 인용할 수 있다고 규정하고 있다.

미디어에서 보도하거나, 가치를 따져 비평하거나, 학생이나 대중을 교육(교과서 게재, 수업 활용)하거나, 무엇을 학술적으로 연구하기 위한 목적에 한해서다. 예를 들어 유명 배우가 사망했다는 뉴스를 보도하면서, 그가 출연한 대표작의 주요 장면을 잠깐 보여주는 것은 영화 자체를 대체하는 것이 아니기 때문에 괜찮다는 것이다.

'정당한 범위'는 인용되는 저작물과 인용하는 콘텐츠의 관계에 따라 달라진다. 인용되는 저작물은 ① 모자라는 것을 보태는 보족(補足) ② 덧붙여 자세히 설명하는 부연(敷衍) ③ 예를 들어 증명하는 예증(例證) ④ 살펴 도움을 주는 참고(參考) 같은 용도로 인용하는 콘텐츠에 사용하면 된다는 것이다. 이런 주종(主從) 관계에서 벗어나 인용하는 콘텐츠가 인용되는 저작물에 대한 수요를 얼마나 대체하는지 고려한다는 판례도 있다.

굳이 저작자의 허락을 받지 않고 맘 편하게 이용할 수 있는 방법이 또 있다. 저작물의 통상적인 이용방법과 충돌하지 않고, 저작자의 정당한 이익을 부당하게 해치지 않는다는 공정이용(Fair Use) 조건이다. ① 이용의 목적과 성격 ② 저작물의 종류와 용도 ③ 이용된 부분이 차지하는 비중과 중요성 ④ 현재 시장이나 잠재 시장에 미치는 영향에 따라 공정하게 이용할 수 있다.

예를 들어 미리보기 이미지로 사용하는 사진 섬네일(thumbnail)은 크기가 작고 품질도 떨어지기 때문에 원본을 대체할 수 없다. 섬네일은 그 자체로 감상용으로 보기 어렵다. 원본이 있는 사이트로 연결해주는 단순한 통로이기 때문에 허락 없이 갖다 썼다 하더라도 원본의 저작자가 누릴 이익을 침해했다고 볼 수 없다는 것이다. 하지만 해상도가 아주 높은 섬네일은 원본의 아름다움을 대체할 수 있기 때문에 공정이용에 해당하지 않는다.

사실, 인용이나 공정이용은 보도·비평·교육·연구에 엄격하게 한정되지 않으며, 영리적인 목적을 완전히 배제하지도 않는다. '정당한 범위'와 '공정한 관행'이라는 용어의 해석에 따라 영리적인 목적으로 사용하는 것도 가능하다는 이야기다. 예를 들어 원예에 관한 영상을 만들어 수입을 올리는 1인 미디어 사업자라도, 정당한 범위와 공정한 관행을 따른다면 원예에 관한 기사나 논문이나 교육 콘텐츠를 영리적인 목적으로 이용할 수 있다. 하지만 영리를 목적으로 하게 되면, 이용할 수 있는 범위가 아무래도 좁다는 것을 알고 있어야 한다. 계속하다 보면 선을 넘을 수 있기 때문이다.

6.10. 정당한 범위와 공정한 관행이란

저작권자의 허락을 받지 않아도 되는 '정당한 범위'와 '공정한 관행'은 두부 자르듯 분명하지 않다. 최근 기술의 발달로 미디어 간에

경계가 사라지고 콘텐츠 간의 영역이 뒤섞이면서, 저작권을 이용하는 데 있어 정당한 범위와 공정한 관행을 판단하기가 갈수록 까다로워지고 있다. 혹시라도 저작권 분쟁이 생겼을 때 정당한 범위와 공정한 관행에서 유리한 방향을 찾아보자.

① 시장에 미치는 영향이 적을수록 유리하다. 지나치게 많이 인용하여 원저작물의 시장수요를 대체할 수 있는 정도가 되면 안 된다. 원저작물이 현재 누리는 시장이나 미래에 누릴 가치에 미치는 영향이 중요한 잣대이기 때문이다. 예를 들면 학교가 저작권을 갖고 있는 기출문제를 전부 무단 수록한 '대학입시 문제집'은 시장 수요를 상당히 대체했기 때문에 저작권 침해로 판결받았다.

② 이용한 분량이 적을수록 유리하다. 저작권법은 '이용된 부분이 저작물 전체에서 차지하는 비중과 그 중요성'을 잣대로 삼기 때문에 분량이 적을수록 공정이용에 해당할 가능성이 높다. 예를 들어 영화 〈해피 에로 크리스마스〉가 〈러브레터〉 상영시간 110분 가운데 30초 남짓 허락 없이 이용한 것은 합법적인 인용에 해당된다. 널리 알려진 유명한 대사와 장면을 인용했기 때문이다.

꼬마가 유명 가수의 노래나 춤을 앙증맞게 따라 하는 장면을 찍어 유튜브에 올리는 것은 저작권을 침해할까? 한국에서 어린 딸이 의자에 앉아 손담비의 '미쳤어'를 따라 부르는 것을 찍은 영상이나 미국에서 어린 아들이 프린스(Prince)의 '렛츠고 크레이지'(Let's Go Crazy)를 부르는 영상을 촬영한 것은 법원에서 인용과 공정이용으로 판결받았다. 저작권자의 허락 없이 저작물을 이용했다고 무조건 침해는 아니다. 저작권 보호와 문화 발전이라는 저작권법의 취지를 감안해 저작물의 특성과 창작성의 정도를 종합적으로 고려해야 한다는 것이다.

SBS의 예능프로그램인 '신동엽의 있다없다'에서 탤런트 이순재가 김기덕 감독의 영화 〈대괴수 용가리〉에 출연한 적이 있는지 확인하면서 영화를 3분 남짓 틀어준 것은 공정이용으로 볼 수 없다고 판결받았다. SBS가 저작권자에게 동의를 받는 것이 어렵지 않은 데다 홈페이지에서 돈을 받고 이 프로그램을 볼 수 있게 했기 때문이다.

③ 새로운 가치를 창출하면 유리하다. 단순한 이용에 그치지 않고 새로운 기능을 창출하는 '생산적 이용'은 공정이용이 될 가능성이 높다. 원저작물을 새롭게 표현하거나 새로운 의미를 부여하는 것은 공정이용에 가까워지기 때문이다. 예를 들면 이미지검색 서비스에서 사진 저작물을 이용하는 것은 감상용이 아니라 정보제공이라는 생산적 이용으로 새로운 가치를 창출했다는 것이다.

저작권 그림이 있는 옷을 입고 방송을 진행하는 것은 어떨까? 일부러 초점을 맞춘다든지 하는 고의성이 없다면 저작물의 이용 비중이 매우 작은 '부수적 이용'에 해당하기 때문에, 사소한 차이나 미미한 위반 사항은 다루지 않는 '극소성의 항변'(De Mimimis)에 해당할 가능성이 높다. 영상 배경에 중요하지 않게 부수적으로 포함되는 저작물은 저작권 침해가 부정될 수 있다는 것이다.

6.11. 다른 영상을 퍼오고 싶은데

영상을 만들다 보면 직접 찍은 영상만으로 많이 부족하거나 왠지 밋밋한 느낌이 들 때가 많다. 직접 찍기 어려운 영상이나, 자료화면으로 보여줄 영상이나, 인서트샷(Insert Shot)처럼 화면을 풍성하게 해줄 영상이 필요하다. 인터넷에서는 필요한 영상을 찾기도 쉽고 내려받기도 쉬워 그냥 가져다 쓰고 싶은 유혹을 뿌리치기 어렵다. 이때 무심코 내려받아 사용한 영상 때문에 곤욕을 치르는 경우가 상당히 많다. 누구나 쉽게 영상을 만들 수 있게 되면서 유튜브가 인공지능으로 검열 기능을 강화하고, 한국저작권보호원도 주기적으로 모니터링하면서 불법복제 영상을 적발하고 있기 때문이다.

TV 채널을 운영하는 방송국에서 만든 영상은 제한적으로 조금 활용할 수는 있다. 하지만 그 영상의 상품가치를 떨어뜨리면 안 된다. 또 화면에 테를 두르거나 자막을 넣는 식으로 영상을 가공해도 안 된다. 다른 사람의 저작물을 함부로 변형하는 행동으로 동일성유지권을 침해하게 된다. '동일성유지권'(Right to the Integrity)은 저작자가 저작물의 내용과 형식과 제호의 동일성을 유지할 수 있는 권리다.

영화는 반드시 제작사나 배급사에 문의하는 게 좋다. 회사마다 영화마다 마케팅 전략이 다르기 때문에 영화 홍보에 도움이 된다고 장려할 수도 있고, 반대로 흥행을 훼방하는 훼살(스포일러)로 금지할 수도 있다. 쓰더라도 제작사나 배급사가 홍보용으로 공개한 영상만 사용하는 게 좋다. 불법으로 내려받거나 스트리밍서비스에서 캡처하는 행동 자체가 복제권을 침해하기 때문이다. '스포주의'를 달고 영화리뷰 콘텐츠를 제공하는 경우도 지금은 괜찮지만 언제 문제삼을지 모르기 때문에 미리 대비해두는 게 좋다.

다른 개인이 제작한 영상도 마찬가지다. 해외에 다녀오거나 특별한 체험을 하는 본인의 경험을 담은 영상을 인터넷에서 쉽게 볼 수 있다. 직접 제작하기 어려운 영상이기 때문에 이런 영상을 '퍼올' 경우 반드시 허락을 받아야 한다. 아무리 노력해도 원저작물의 출처를 찾을 수 없거나 연락이 닿지 않는 경우가 많다. 그렇더라도 반드시 출처를 표기하고 최소한 '문제가 되면 바로 삭제하겠습니다'라는 문구 정도는 달아두는 예의가 필요하다.

문제는 저작권자를 찾는 작업이다. 잘 알려진 저작물은 해당 저작권자나 그 대리인에게 문의하면 된다. 하지만 연락처 같은 개인정보를 얻기 어렵고 협상을 거쳐 허락을 받는 과정도 만만찮은 게 현실이다. 다행스러운 것은 저작권자가 많고 복잡한 음악·어문·영상·방송·뉴스·공공 분야는 해당 신탁관리단체에 문의하면 된다는 것이다. 아무리 노력해도 저작권자를 찾을 수 없다고 해서 면책되지는 않는다. 상당한 노력을 기울였는데도 저작권자를 알 수 없거나 찾을 수 없으면 법원에 보상금을 공탁한 뒤 저작물을 이용할 수 있다. 이같은 '법정허락'은 한국저작권위원회에 문의하면 된다.

저작권자를 찾아 협상하면서 계약서를 작성하는 것도 부담스럽다. 계약서에 계약 대상, 이용허락 기간, 자료 인도 등 권리자의 의무와 사용료 납부 등 이용자의 의무를 적는 것이 일반적이다. 문화체육관광부 저작권 표준계약서를 활용하면 편리하다. 저작권 표준계약서는 한국저작권위원회 누리집에서 내려받을 수 있다.

분야	단체명	집중관리분야	연락처
음악	한국음악저작권협회	음악저작권자(작곡, 작사, 음악출판사)의 권리	02-2660-0400
	함께하는음악저작인협회	음악저작권자(작곡, 작사, 음악출판사)의 권리	02-333-8766
	한국음반산업협회	음반제작자의 권리	02-3270-5900
	한국음악실연자협회	음악실연자(가수, 연주자 등)의 권리	02-745-8286
어문	한국문예학술저작권협회	어문, 연극, 영상, 미술, 사진 저작자의 권리	02-508-0440
	한국방송작가협회	방송작가의 권리	02-782-1696
	한국시나리오작가협회	영화시나리오 작가의 권리	02-2275-0566
	한국복제전송저작권협회	어문저작물의 복사권, 전송권의 관리	02-2608-2800
영상	한국영화제작가협회	영상제작자의 권리	02-2267-9983
방송	한국방송실연자협회	방송실연자(탤런트, 성우 등)의 권리	02-784-7802
뉴스	한국언론진흥재단	뉴스저작자의 권리	02-2001-7114
공공	한국문화정보원	공공저작물(정부, 지자체, 공공기관)	02-3153-2873

분야별 신탁관리단체와 연락처

6.12. 배경음악을 깔고 싶은데

영상을 만들다 보면 음원이 생각보다 많이 필요하다. 주요 장면마다 원하는 분위기에 맞춰 적절한 배경음악을 넣고 싶고, 가끔은 문을 두드리는 소리나 박수 소리처럼 상황에 맞는 효과음이 절실해지기 때문이다. 이런 배경음악이나 효과음을 함부로 사용하다가 낭패를 보는 경우도 제법 흔하다. '30초 이내는 저작권 침해가 아니다'는 식의 잘못된 정보가 많기 때문이다.

음원은 영상 편집프로그램에 들어 있는 것을 무료나 유료로 이용하거나, 음원 사이트에서 무료나 유료를 받아 쓰는 게 좋다. 배경음악은 권리주체가 많기 때문에 그리 간단하지 않다. 저작권자(작곡가·작사가·편곡자)가 있고, 저작인접권자(가수·연주자)가 있고, 음반제작자(음반회사·연예기획사)가 있다. 이 세 권리자를 찾아 일일이 동의를 받는 것은 매우 어렵기 때문에 한국음악저작권협회 같은 기관을 이용하는 게 좋다.

내가 따라 부르거나 연주해서 직접 만든 음원도 문제가 된다. 아무리 직접 부르거나 연주하더라도 곡과 가사는 이용해야 하기 때문에 저작권자의 권리를 침해하는 것이다. 가수의 공연을 직접 촬영해서 올리는 것도 허락을 받지 않는다면 이들 세 권리주체의 복제권과 전송권을 침해할 가능성이 높다.

영상을 찍을 때 무심코 따라 들어오는 현장의 음악도 신경써야 한다. 카페에서 들리는 음악이나, TV에서 나온 음악, 자동차 오디오에서 틀어둔 음악 같은 경우다. 이런 식으로 뜻하지 않게 저절로 녹음됐다면, 이용허락을 받거나 아예 음악이 들리지 않게 편집하는 게 좋다.

6.13. 영상에 들어가는 글꼴도 챙겨야

동영상을 만들 때 쉽게 저지르는 저작권 침해 사건 가운데 하나가 글꼴(폰트)이다. 영상과 음악의 저작권을 주로 챙기다 보니 글꼴은 미처 생각지도 못하고 저작권을 위반하는 경우가 상당히 흔하다.

어느 날 갑자기 글꼴 저작권을 침해했다고 경고를 받거나 고소를 당하거나 부담스러운 합의를 요구받기도 한다. 실제로 글꼴에 관한 형사고소와 민사소송 사례가 꽤 많다.

글꼴은 저작권에만 해당하지 않는다. 정식으로 구입하지 않은 글꼴은 물론 무료 글꼴이라도 잘못 사용하면 저작권법뿐만 아니라 불법행위, 부정경쟁행위, 디자인권 침해 등에 해당할 수 있다. 글꼴은 용도에 따라 유상, 무상이 다르고, 사용기간도 달라 조건이 복잡하기 때문이다. '무료'라는 단어에 그냥 넘겨짚지 말고 이용약관을 미리 확인해두는 게 좋다.

글꼴은 도안이 아니라 파일이 저작권 보호 대상이다. 정품 소프트웨어에 포함되거나 제작사 홈페이지에서 적법하게 내려받은 경우는 문제가 없다. 불법복제한 파일을 받아쓰거나 출처를 모르는 파일을 받아 글꼴을 사용하면 저작권 침해를 저지르게 된다. 적법하게 구한 파일이라도 사용범위가 제한되는 경우가 있다. 예를 들어 '한글' 프로그램에서 함께 제공하는 글꼴(번들)은 해당 프로그램에서만 사용해야 한다.

영상을 만들 때 필요한 글꼴은 영상편집 프로그램(키네마스터 등)이 무료·유료로 제공하는 글꼴을 사용하는 게 좋다. 글꼴이 저작권을 침해했는지 확인하려면, 한국저작권위원회 웹사이트(https://www.copyright.or.kr/main.do)에서 '글꼴 파일 저작권 바로 알기'(2019)를 찾아보거나 한국저작권보호원이 개발한 '내 PC 폰트 점검기'를 돌려보면 된다.

6.14. 공공자료는 써도 되지 않나요?

국가나 공공기관이 발간하는 연감, 백서, 통계, 정책연구자료, 연구보고서 같은 자료는 신뢰도가 높기 때문에 수요가 많다. 국민의 세금으로 운영되는 데다 국민의 알 권리를 보장하기 위해 국가기관의 저작물을 자유롭게 이용할 수 있을 것이라고 넘겨짚기 쉽다.

정부가 발간한 정책보고서 같은 자료를 함부로 복제하여 배포하거나 웹사이트에 올리는 것은 원칙적으로 저작권 침해 행위가 될 수 있기 때문에 해당 기관의 이용허락을 받아야 한다. 또 국가기관이 발간하거나 홈페이지에 올린 저작물이라고 해도 해당 기관이 그 저작권을 모두 갖고 있다고 볼 수 없다. 예를 들어 홍보물에 들어간 사진이나 그림은 작가에게서 이용허락을 받았을 가능성이 있다. 이런 사진이나 그림을 이용하려면 그 저작권자에게 따로 허락을 받아야 한다.

문화체육관광부는 공공저작물을 편리하게 이용할 수 있도록 2012년 '공공저작물 자유이용허락 표시제도'를 도입해서 '공공누리'(https://www.kogl.or.kr/index.do)를 서비스하고 있다. 까다로운 절차 없이 일정한 조건에 따라 무료로 자유롭게 이용할 수 있도록 한 것이다.

2014년 7월부터 저작권법 제24조에 따라 공공기관이 업무로 작성하여 공표한 저작물이나 계약에 따라 저작재산권을 가진 저작물은 특별한 사정이 없는 한 허락절차를 거치지 않고 자유롭게 이용할 수 있다. 또 공공누리 표시가 붙어 있는 경우에는 조건에 따라 이용하면 된다.

6.15. 저작물 이용을 허락하는 표시를 찾아라

저작물 중에는 비교적 쉽게 사용할 수 있는 것도 많다. 저작권자라고 해서 모두 자신의 저작권을 엄격하게 고집하지는 않기 때문이다. 오히려 자신의 저작물이 본인의 희망이나 공익의 목적으로 널리 활용되기를 바라는 경우도 제법 많다.

쓰고 싶은 저작물이 있다면 이용할 수 있는 표시가 있는지 찾아보자. CCL(Creative Commons License)은 일정 조건을 지키면 자신의 저작물을 얼마든지 이용해도 좋다고 저작권자가 표시한 기호다. 2002년 미국의 비영리기구 '크리에이티브 커먼즈'(Creative Commons)가 주도해서 세계적으로 널리 퍼졌다. 그 조건은 저작자 표시, 비영리, 변경금지, 동일조건변경 허락 같은 4가지를 결합해서 6가지로 표시한다.

정부나 공공기관에서 공익을 목적으로 만든 콘텐츠, 공공저작물을 활용하는 것도 좋다. 정부나 공공기관은 정치적이거나 상업적인 목적이 아니라면 비교적 자유롭게 이용을 허락하는 편이다. 공공저작물 자유이용 허락 표시제도(KOGL. Korea Open Government License)를 살펴보자. 저작권법 제24조 2에 따라 국가나 지방자치단체가 작성하여 공표한 저작물은 유형에 따라 자유롭게 이용할 수 있도록 한 제도다. 공공저작물 정보를 통합 제공하는 공공누리(https://www.kogl.or.kr/index.do)는 어문·사진·영상·글꼴 4개 분야로 나눠 저작자와 출처 표시, 비영리 목적 사용, 변경금지, 동일조건변경 허락 4개 조건을 조합한 6종류의 라이선스를 제공한다. 한국판 CCL인 셈이다.

■ 참고자료

* 한국저작권위원회, 『Q&A로 알아보는 저작권 상담사례』 (2020)

* 한국저작권위원회, 『저작권 보호 상담 사례집』 (2019)

* 한국저작권위원회, 『1인미디어 창작자를 위한 저작권 안내서』 (2019)

* 오승종, 『된다! 유튜브·SNS·콘텐츠 저작권 문제해결』, 이지스퍼블리싱 (2020)

* 전다운, "유튜브 저작권 침해? 영상 업로드 전에 알아두자~", 테크플러스, 2020년 8월 8일 접속, https://blog.naver.com/tech-plus/222046982548

* 김홍열, "〈강남스타일〉 성공, 저작권 포기? 더 중요한 건…", 오마이뉴스, 2020년 8월 30일 접속, http://www.ohmynews.com/NWS_Web/View/at_pg.aspx?CNTN_CD=A0001999358

* "2020 원격교육을 위한 저작권, A부터 Z까지 저작권 FAQ", 서울시교육청, 2020년 8월 30일 접속, https://blog.naver.com/seouledu2012/221936876457

* "온라인 수업하다 소송당할라… 교사 기죽이는 '저작권 사냥꾼'", 중앙일보, 2020년 8월 30일 접속, https://news.joins.com/article/23748695

* 〈Creative Commons License〉, Creative Commons, 2020년 8월 22일 접속, http://ccl.cckorea.org/reuse/source-display/

* 〈공공누리〉, 한국문화정보원, 2020년 8월 22일 접속, https://www.kogl.or.kr/index.do

7.1. 터미네이터가 가장 감추고 싶었던 근육

영화배우 출신으로 미국 캘리포니아 주지사까지 지낸 아놀드 슈왈제네거(Arnold Schwarzenegger)는 세계에서 가장 완벽한 근육남으로 꼽힌다. 미스터 유니버스(Mr. Universe) 5회 우승, 미스터 올림피아(Mr. Olympia) 7회 우승이라는 놀라운 기록 덕분이다. 오죽 했으면 그의 이름을 딴 '아놀드 클래식'(Arnold Classic)이라는 보디빌딩 대회까지 열릴 정도다.

가장 완벽한 근육으로 보디빌딩의 '끝판왕'(터미네이터)으로 꼽히는 슈왈제네거에게도 가장 감추고 싶은 근육이 있었다. 혀를 앞뒤로 내밀고 넣고, 위아래로 올리고 내리고, 왼쪽 오른쪽으로 움직이고, 말고 펴는 이설근, 경돌설근, 설골설근, 횡설근 같은 8개 근육으로 이뤄진 혀(tongue)다. 슈왈제네거는 "가장 마음에 들지 않는 근육이 혀"라고 고백할 정도로 말에 자신이 없었던 모양이다.

오스트리아에서 태어나 36살에 미국으로 건너온 슈왈제네거는 영어 발음이 어눌했다. 영화배우로 그가 맡은 배역은 〈코난〉, 〈코만도〉, 〈터미네이터〉처럼 대사가 거의 없는 과묵한 액션 주인공일 수밖에 없었다. 독일식 액센트로 영어 발음이 투박했던 그가 남긴 전설적인 명대사는 "I'll be back"이다. 이 발음도 어려워 〈터미네이터〉에서 "아이윌비백"(I will be back), "아일비백"(I'll be back)을 두고 제임스 카메론(James Cameron) 감독과 실랑이를 벌였다는 후일담까지 전할 정도다.

슈왈제네거의 발음이 달라진 건 세계적인 보이스 트레이너(voice trainer) 아서 조셉(Arthur Joseph)을 만나고 나서다. 아서 조셉은 숀 코네리(Sean Connery), 안젤리나 졸리(Angelina Jolie), 피어스 브로스넌(Pierce Brosnan) 같은 세계적인 할리우드 스타에게 자신의 목소리를 파악하고 자신만의 목소리를 내는 법을 가르쳤다. 슈왈제네거는 "그의 목소리 훈련은 내 목소리가 차원이 달라지게 만들었다"(Arthur's vocal awareness techniques continue to help enhance my vocal stature)고 고백했다.

아놀드 슈왈제네거가 근육을 단련하기 위해 보디빌딩을 하듯 평

소에 꾸준히 훈련했다는 '보이스 트레이닝'(voice training)은 과연 어떻게 하는 것일까?

7.2. 내 목소리에서 감추고 싶은 약점

'보이스 트레이닝'을 나하고는 별 상관없는 것으로 여기는 사람들이 많다. 마가렛 대처 영국 수상, 아놀드 슈왈제네거 같은 유명인사나 국회의원, 장관, 기관장, 대학 교수, 대기업 임원 같은 사회지도층 인사에게 필요한 프로그램이라는 것이다.

최근 크리에이터 바람이 일면서 너도 나도 영상을 만들고 1인 방송을 열기 시작했다. '초딩'(초등학생)부터 '할방'(할아버지)까지, 정치인부터 시골 아낙까지 다들 카메라 앞에서 마이크를 붙잡고 하고 싶은 말이 너무 많다. 코로나19가 터지면서 싫어도 화상회의나 원격교육을 주도하거나 참여해야 한다. 화면에 보이는 내 얼굴이 짜증나고, 내 목소리도 맘에 들지 않는다. 보통 사람들도 보이스 트레이닝을 찾기 시작하는 이유다.

눈으로 즐기는 영상커뮤니케이션의 시대라지만, 우리는 귀에 들리는 소리에 더 예민하다. 한 뼘도 되지 않는 휴대폰의 작은 화면에서 영상 품질은 그리 중요하지 않다. 화면이 작아 영상은 눈에 꼭 들어오지 않아도, 소리는 이어폰을 통해 내 귓속으로 바로 들어온다. 대충 만든 영상은 견딜 수 있지만, 다듬지 않은 소리는 참을 수 없다. 눈은 감거나 돌리면 되지만, 귀를 막으려면 이어폰을 뽑거나 두 손을 써야 한다. 서툰 영상은 '뽀샵' 처리하면 되지만, 불편한 목소리는 해결 방법이 마뜩잖다. 미국의 사회심리학자 앨버트 메라비언(Albert Mehrabian)은 커뮤니케이션에서 목소리의 중요성이 자그마치 38%라고 강조했다.

말의 내용
(Words)
7%

청각적 요소
(Tone of Voice)
38%

55%

시각적 요소
(Body Language)

아놀드 슈왈제네거에게 목소리 훈련법을 가르친 아서 조셉은 저서 『목소리 자각』(Voice Awareness)에서 자신의 목소리부터 파악하라고 조언한다. 그렇다. 보디빌딩을 하든, 보이스 트레이닝을 하든 자신의 몸이나 목소리가 무엇이 문제인지부터 진단해보자. 아래 항목 가운데 하나라도 해당한다면 보이스 트레이닝이 필요하다.

① 양이 우는 것처럼 떨린다
② 목소리가 작고 가늘다
③ 말이 자꾸 빨라진다
④ 발음이 뭉개진다
⑤ 가식적인 말투로 들린다
⑥ 3분 넘게 말하면 숨이 찬다

7.3. 내 몸을 악기처럼 조율하라

바이올린이나 기타의 줄을 퉁기면 처음에 나는 소리 자체는 작아 잘 들리지 않는다. 줄의 진동이 소리를 만들고 그 소리가 울림구멍 (sound hall)로 들어가면서 몸통(body)을 울리게 된다. 줄의 진동수와 몸통(울림통)의 진동수가 일치하면 파동이 커진다. 이 현상이 바로 공명(共鳴. resonance)이다. 현악기가 내는 소리는 줄의 진동이 공명으로 커져 우리 귀에 멋지게 들리는 것이다.

사람이 목소리를 내는 원리는 악기가 소리를 내는 것과 같다. 들이마신 숨이 허파에서 나올 때 목에 있는 후두(喉頭. larynx)를 지나게 된다. 이때 후두를 앞뒤로 가로지르는 성대(聲帶. vocal cords)를 울리면 소리가 생긴다. 이 소리는 목구멍을 나오면서 공명을 일으키며 입 밖으로 나온다. 소리가 입 밖으로 나올 때 입술이나 혀의 모양이나 위치를 바꾸면 소릿값이 달라진다. 성대의 울림으로 태어난 목소리는 공명 공간을 지나면서 증폭되고 발음을 통해 말이 되는 셈이다.

목소리의 원리를 알면, 내 몸도 하나의 악기라는 사실을 깨닫게 된다. 호흡→발성→발음 3단계로 목소리가 생성되는 과정을 이해하면 더 멋진 목소리를 만들어낼 수 있다. 악기를 조율하듯 내 목소리를 골라보자. 호흡→발성→발음 과정에서 무엇이 문제인지 하나하나 찾아 바로잡으면 내 몸을 멋진 악기로 탄생시킬 수 있다. 이 훈련 과정이 바로 '보이스 트레이닝'이다.

목소리는 타고난 것이라 여겨 스트레스를 받으면서도 포기하는 경우가 많다. 목소리의 원리를 이해하고 꾸준히 연습하면 얼마든지 바꿀 수 있다. 커뮤니케이션에서 중요한 요소를 차지하는 목소리, 이젠 목소리도 매니지먼트해야 하는 시대다.

7.4. 숨은 목소리를 만드는 재료다

'숨은 연료다. 어디로 가려면 차에 연료를 넣어야 한다. 효과적으로 말하려면 효율적으로 호흡해야 한다'(Breath is fuel. You have to put gas in the tank of your car before driving anywhere; you have to breathe efficiently if you want to speak effectively).

세계적인 보이스 트레이너 아서 조셉은 숨(공기)을 휘발유에 비유한다. 자동차로 먼 거리를 여행하려면 휘발유를 여기저기 주유소에 들러 조금씩 자주 넣는 것보다 틈틈이 꽉 채우는 게 낫다는 것이다. 연료가 자주 달리면 여행을 즐길 수 없다. 속도가 떨어지며 차가 털털거리면 연료가 부족한 것이다. 스피치도 마찬가지다. 말이 빨라지거나 숨이 가빠지고 음성이 떨리는 이유는 대개 성격이 급해서라기보다 호흡량이 부족해서다.

호흡은 크게 '흉식호흡'과 '복식호흡'으로 나뉜다. 가슴과 배를 나누는 기준은 가로막(횡격막)이다. 흉식호흡은 목과 가로막 사이의 흉강(胸腔, thoracic cavity)을 이용하고, 복식호흡은 가로막부터 골반까지의 복강(腹腔, abdominal cavity)을 활용한다. 숨을 담는 숨통으로 어디까지 활용하느냐가 흉식호흡과 복식호흡의 차이다. 휘발유를 조금

씩 자주 넣는 것이 흉식호흡이라면, 틈틈이 꽉꽉 채우는 것이 복식
호흡이다.

복식호흡은 명상을 하거나 요가를 할 때 또는 노래를 할 때 필요
하다고 생각하는 경우가 많다. 평소에 말을 할 때도 복식호흡을 하
면 목소리가 작아지거나 말이 빨리지는 단점을 해결할 수 있다. 복
식호흡은 흉식호흡보다 공기를 자그마치 30%나 더 담을 수 있다.

7.5. 복식호흡으로 숨을 가득 채워라

복식호흡은 배를 이용해 호흡하는 것이다. 가로막 아래 복강까지,
배꼽 아래 10cm까지 숨통을 가득 채운다고 생각해보자. 배가 풍선이
라고 가정하면, 공기가 들어가면 배가 부풀어 오르고 공기가 나가면
배가 들어간다. 가로막 윗부분 가슴까지 공기를 담는 흉식호흡은 숨
을 쉴 때마다 어깨가 오르락내리락하지만, 복식호흡은 어깨가 들리
지 않는다. 복식호흡은 발성기관인 후두가 자연스럽게 자리를 찾아
바로 목이 열리게 만드는 효과도 있다.

가로막을 적극적으로 활용하는 복식호흡을 연습해보자.

1. 숨을 내쉬면서 엄지손가락으로 배꼽 위쪽을 눌러 안쪽으로 민다
2. 숨을 들이마시면서 배를 밀어낸다

이 원리를 이해했으면 일어서서 해보자. 두 발을 어깨넓이로 벌린

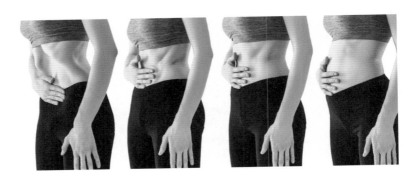

뒤, 힘을 빼고 서서 이 동작을 몇 번 반복해보자. 오롯이 호흡에만 집중하면서 들이쉰 숨을 모두 다 내쉰 뒤 다시 숨을 들이마시자. 서서 해보고 잘 안 되면 누워서 해보자. 누워서 하면 호흡을 느끼기가 더 쉽다. 건강한 성인이라면 5분 만에 복식호흡을 할 수 있다.

7.6. 입 밖으로 소리를 고르게 내라

복식호흡으로 숨을 몸에 가득 채웠으면 소리를 만드는 법을 배워보자. 숨을 내쉬면서 하나의 소릿값(음가)을 고르게 내는 것이다. 발성법(發聲. Phonation)이다. 한 자 한 자 정확하게 발음하며 고른 소리가 나도록 한다.

하 해 히 호 후

복식호흡으로 숨을 내쉴 때 소릿값 하나하나 성의껏 만드는 발성을 매일매일 틈나는 대로 연습해보자. 석 달쯤 지나면 호흡량이 늘면서 목소리에 힘이 들어가는 것을 느낄 수 있다. 복식호흡으로 숨을 충분히 담은 덕분에, 말할 때 소릿값을 하나하나 고르게 낼 수 있는 것이다.

들이마신 숨이 발성기관인 성대를 지나면서 목소리가 싹이 튼다. 목소리가 생기는 것이다. 성대에서 만들어진 목소리는 입 밖으로 나가야 한다. 입 밖으로 나가지 않으면 소리가 작아진다. 숨을 뱉는다는 느낌으로 내쉬어야 한다.

목소리가 작은 사람은 숨을 뱉지 않고 오히려 들이마시는 먹는 소리를 낸다. 숨을 내쉬어야 하는데 오히려 들이마셔서 소리가 작아지는 것이다. 복식호흡으로 숨을 충분히 챙기지 않아 생기는 현상이다. 목소리는 입 밖에 있다는 사실을 꼭 기억하고, 고운 소리를 입 밖으로 고르게 뱉어내야 한다.

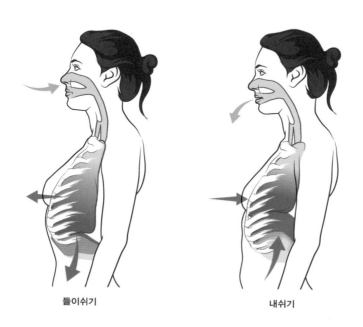

들이쉬기   내쉬기

7.7. 가장 좋은 내 목소리를 찾아라

사람마다 목소리 톤이 다르다. 내 목소리는 어떤 톤이 좋을까? 내가 낼 수 있는 음넓이(음역)에서 가장 편안하게 낼 수 있는 톤을 찾아야 한다. 마이클 잭슨(Michael Jackson)처럼 4옥타브를 넘나드는 가수도 있지만, 대부분은 기껏해야 2옥타브에 머문다.

허밍(humming)을 해보자. 입을 다문 채 코로 소리로 내는 창법이다. 힘을 빼고 차분한 마음으로 "음~" 하면서 허밍을 해보자. 목의 중간 부분이 가장 떨리는 것을 느낄 수 있다. 높은 음을 내면 목에서 떨리는 부분이 위로 올라가고, 낮은 음을 내면 아래로 내려간다. 소리를 낼 때 목이 울리는 이 범위가 바로 음넓이(음역)다. 자신의 음역대에서 가장 편안하면서 좋은 소리를 찾아보자. 그게 바로 본인 고유의 중간 목소리다.

연설이나 프리젠테이션을 할 때 이목을 집중시키려면 톤을 살짝 높이는 게 좋다. 아돌프 히틀러(Adolf Hitler)는 특유의 높은 톤과 조화로운 화음으로 설득력을 높였다고 한다. 스튜어디스나 전화상담원처럼 직무 특성상 '솔' 톤으로 설명하는 경우 친절하고 상냥한 느낌을 줄 수 있지만, 상대방이 어떤 의도를 갖고 다가오는 것으로 여기기 쉽다. 일대일로 상담하거나 누군가를 설득할 때는 편안한 중간 톤이 좋다. 의도적으로 높은 톤이나 낮은 톤으로 접근하면 거리감이 생겨 상대의 마음을 열기 어렵기 때문이다.

7.8. 내 몸 속의 스피커를 찾아라

바이올린이나 기타의 몸통(body)처럼 우리 몸에도 울림통이 있다. 구강(口腔. oral cavity)과 비강(鼻腔. nasal cavity)과 인두강(咽頭腔. pharyngeal cavity)이다. 이 세 동굴은 하나로 연결되어 있다. 성대를 튕겨 나온 소리는 인두강, 구강, 비강을 차례로 지나면서 공명을 일으키며 입 밖으로 나온다. 밖에서 보면 입에서 광대뼈에 이르는, 양 볼 속의 빈 공간에서 공명이 일어난다. 이 부분이 내가 갖고 태어난 '스피커' 인 셈이다.

흔히 목소리가 좋다고 하는 한석규, 이선균, 이병헌과 같은 배우들은 목욕탕에서 나는 것처럼 울림이 있는 소리를 낸다. 노래를 업으로 하는 가수들은 어떤가? 미스트롯의 송가인이나 미스터트롯의 김호중의 얼굴을 자세히 살펴보자. 광대뼈 안의 공간, 공명존(resonance zone)이 상당히 크다. 양 볼에 성능이 아주 좋은 '스피커'를 달고 있는 것이다. 이 강력한 '스피커' 덕에 남들보다 뛰어나 목소리를 업으로 먹고사는 것이다.

그룹 퀸의 보컬리스트 프레디 머큐리(Freddie Mercury)를 보자. 영화 〈보헤미안 랩소디〉에서 밴드에 들어가기 위해 본인의 강점을 주장하는 장면이 나온다. '버키'(Bucky)라는 별명이 붙을 만큼 뻐드렁니(buck teeth)가 심했던 그는 입이 튀어나와 소리를 더 잘 낸다는 것이다. 보컬이 돼야 하는 이유다. 뻐드렁니 덕에 입 안의 공간도 컸던 그는 자신의 '스피커'를 제대로 활용할 줄 알았던 것이다.

7.9. 내 몸 속의 스피커를 활용하라

내 몸 속의 '스피커'가 작다거나 성능이 나쁘다고 불평할 필요는 없다. 타고난 걸 확 뜯어고칠 순 없지만, 활용하는 법을 잘 배우면 얼마든지 좋은 목소리를 낼 수 있다. 그 훈련이 바로 '보이스 트레이닝'이다.

본디 타고난 비강은 작지만, 울림을 키우는 훈련을 계속해서 아나운서가 된 사람도 있다. 아나운서가 된 뒤에도 제각기 타고난 장점과 단점을 키우거나 보완하기 위해 '보이스 트레이닝'을 많이 한다.

멋진 목소리를 내려면 입을 위아래로 크게 벌리는 게 좋다. 입 속의 울림통을 최대한 키우는 것이다. 평소에 복식호흡을 하면서 공명음을 내기 위해 위아래로 입을 크게 벌려 말하는 습관을 들이면, 어느 날 갑자기 크고 멋있게 울리는 자신의 목소리를 발견할 수 있을 것이다.

선명한 목소리를 내려면 입을 옆으로 길게 벌리는 게 좋다. 공간이 작아지면 울림이 줄면서 소리가 뚜렷해지기 때문이다. 빠르게 말하면서 분명한 내용을 전달해야 하는 개그맨들은 복식호흡을 하면서 입을 옆으로 벌리는 연습을 많이 한다. 타고난 저음으로 울림이 많은 남성이라면 입을 옆으로 벌려 소리를 뚜렷하게 만드는 게 좋다.

눈썹 사이 미간 속에도 '스피커'가 있다. 두성(頭聲, head voice)이 만들어지는 '공간'이다. 해부학적인 실제 공간이 있다기보다 고음으로 갈수록 울림이 머리에서 느껴지기 때문에 '두성'이라고 한다. 매우 높은 음을 자주 내는 가수나 성악가는 머리에 있는 가상의 빈 공간을 울려 소리를 내는 훈련을 많이 한다.

7.10. 모음을 챙겨서 정확하게 발음하라

원석(原石)이 아무리 좋아도 정교하게 다듬지 않으면 흉물이 될 수 있다. 목소리가 아무리 좋아도 정확하게 발음하지 않으면 별 의미 없이 웅웅거리는 소리나 다름없다. 깊은 복식호흡으로 숨을 들이켜서 입 안에서 멋들어진 공명을 만들어도 입 밖으로 나오는 발음이 두루뭉술하면 말도 아닌 '소리'나 '소음' 수준으로 전락할 수도 있다.

발음이 정확하지 않으면 소통하기 어려울 뿐 아니라 상대에게 무성의한 인상까지 남길 수 있다. 아나운서처럼 또박또박 정확하게 발음할 필요까지는 없지만 정확하고 친근하게 의사를 전달하려면 발음도 신경써야 한다.

발음은 모음 발음과 자음 발음으로 나뉘는데, 모음 발음이 부정확한 사람이 의외로 더 많다. 입을 제대로 벌리지 않거나 거의 다문 수준에서 말하기 때문이다. 성격 탓일 수도 있지만 복식호흡을 하지 않은 탓이다.

모음 중에서 부정확한 빈도가 높은 것은 뜻밖에도 가장 흔한 '아'다. 입을 위아래로 길게 벌려야 하는데 옆으로 길게 발음하는 경우가 제법 많다. 입을 제대로 벌리지 않기 때문이다. 이 때문에 '이 모음 역행동화'가 일어난다. '맘'을 '맴', '밥'을 '뱁', '학교'를 '핵교', '차림'을 '채림'으로 소리 내는 것이다.

자음 중에서는 'ㄴ' 받침이 정확하지 않은 경우가 흔하다. 'ㄴ'을 'ㅇ'처럼 흘려서 말하기 때문이다. '한국'을 '항국'으로 발음하거나, '간고등어'를 '강고등어'로 소리 내는 것이다. '안 돼요'를 '앙대요'로 말해 인기를 끈 개그 프로그램도 기억날 것이다. 정확하게 짚어주는 느낌으로 'ㄴ' 받침을 신경써서 발음해야 한다.

모음 발음과 자음 발음을 정확하게 챙기는 훈련은 '잰말놀이'가 좋다. 흔히들 하는 '간장공장 공장장' 말하기다. 각 단어의 발음이 서로 비슷해 빨리 발음하기 어려운 문장을 빨리 읽거나 반복해서 읽는 놀이다. 천천히 해도 결코 쉽지 않다. 빠르고 정확한 발음을 익혀야 하기 때문에 아나운서나 성우 같은 전문직을 훈련하는 방법으로도 널리 쓰이고 있다.

자신의 잰말놀이 발음을 녹음한 뒤 계속 틀리는 발음을 찾아 정확하게 교정하는 훈련을 스스로 해보자. 웨이트 트레이닝과 마찬가지로 '보이스 트레이닝'도 꾸준한 연습이 가장 중요하다.

- 간장공장 공장장은 강 공장장이고, 된장공장 공장장은 공 공장장이다.
- 저기 있는 저분이 박 법학박사이시고, 여기 있는 이분이 백 법학박사이시다.
- 중앙청 창살은 쌍창살이고, 경찰청 창살은 외창살이다.
- 사람이 사람이라고 다 사람인 줄 아는가, 사람이 사람구실을 해야 사람이지.
- 한양 양장점 옆 한영 양장점, 한영 양장점 옆 한양 양장점.
- 저기 있는 말뚝이 말 맬 말뚝이냐, 말 못 맬 말뚝이냐.
- 옆집 팥죽은 붉은 팥 팥죽이고, 뒷집 콩죽은 검은 콩 콩죽이다.
- 멍멍이네 꿀꿀이는 멍멍해도 꿀꿀하고, 꿀꿀이네 멍멍이는 꿀꿀해도 멍멍하네.
- 들의 콩깍지는 깐 콩깍지인가, 안 깐 콩깍지인가.
- 상표 붙인 저 깡통은 깐 깡통인가, 안 깐 깡통인가.
- 작년에 온 솥장수는 헌 솥장수이고, 금년에 온 솥장수는 새 솥장수이다.
- 내가 그린 구름 그림은 새털구름 그린 그림이고, 네가 그린 구름 그림은 뭉게구름 그린 그림이다.

7.11. 말은 말투가 나게 풀어라

'말하기'와 '읽기'는 다르다. 말을 하라고 하면 글을 읽듯이 풀어내는 사람들이 꽤 많다. 미리 준비한 글이 없으면 말을 길게 하지 못하는 유명인사도 흔하다. 말하는 법은 배우지 못하고 글 읽는 법만 익혔기 때문이다. 정말 문제는 자신이 쓴 글도 제대로 읽지 못한다는 사실이다. 말을 한다기보다 글을 어색하게 읽는 느낌을 풍긴다. 말투가 나지 않고, 글투가 나는 것이다. 문어체로 썼기 때문이다.

말은 말투가 나야 한다. 말투가 제대로 먹히면 맛깔 난 대사를 구사할 수 있다. 말투가 나게 글을 쓰려면 구어체로 써야 한다. 평소에 내가 쓰는 말로 표현해야 한다.

구어체로 쓰는 방법 2가지만 소개한다. 어느 쪽이 귀에 더 익숙한가?

①뉴스입니다.	② 뉴습니다.

'뉴습니다'가 좋다. '뉴스입니다'는 문어체고, '뉴습니다'가 구어체다. 평소에 말하듯이, 자음이나 모음 발음을 줄여서 쓰면, 구어체가 된다.

- **그렇게 하여서** → **그렇게 해서**
- **제대로 할 것입니다** → **제대로 할 겁니다.**
- **~하게 되었습니다** → **~하게 됐습니다**

두 번째 방법은 쉬운 말로 풀어주는 것이다. 아래 글을 쉬운 말로 풀어보자.

- 기강 쇄신을 위하여 → 규율을 바로잡기 위해
- 복지 증진을 위하여 → 복지를 늘리기 위해
- 회의 종료 후에 → 회의를 마치고
- 실태 파악 결과 → 실태를 알아본 결과
- ~임이 밝혀졌다 → ~로 밝혀졌다

7.12. 키워드로 짧게 짧게 말하라

말은 하다 보면 잊어버리기 쉽다. 말을 하다가 무슨 이야기를 하려고 했는지 종종 까먹기도 한다. 그래서 할 말을 글로 써두거나 통째로 외워서 말하려고 든다. 써둔 글로 말하면 읽는 것처럼 보이기 쉽고, 외워 말하면 대화가 아니라 암송이 되기 쉽다. 자칫 말이 꼬이면 주제를 잃고 횡설수설하게 되는 것이다.

글쓰기도 그렇지만, 말하기도 짧게 짧게 하는 게 좋다. 단문으로 짧게 짧게 말을 이어가는 것이다. 각 단문의 키워드를 중심으로 자연스럽게 줄거리를 펼치거나 논리를 전개하면 된다. 어려우면 처음엔 한 마디씩 두 마디를 이어보고, 또 한 마디를 이어보면서 줄거리나 논리를 익히면 된다. 짧게 말하기의 좋은 점은 호흡을 길게 가져가지 않아도 된다는 것이다. 짧게 편한 호흡으로 말하는 연습을 해보자.

아래 글을 짧게 나눠 말해보자

> 제가 좋아하는 동물은 개인데,
> 개는 인간에게 가장 도움이 되는 동물로,
> 안내견도 있고, 보청견도 있고, 그리고 마약탐지견도 있고,
> 다양한 분야에서 일하는 개가 있지만
> 고양이는 그렇지 않아서 전 개가 더 좋아요

> 제가 좋아하는 동물은 갭니다.
> 개는 인간에게 가장 도움이 되는 동물이기 때문이죠.
> 예를 들면 안내견, 보청견, 마약탐지견처럼
> 개는 다양한 분야에서 도움을 줍니다.
> 고양이는 그렇지 않습니다.
> 그래서 저는 개가 더 좋아요.

7.13. 초등학생도 알아듣게 풀어 말하라

　내가 하는 말을 상대는 과연 얼마나 알아들을까? '징글벨'(Jingle Bells)이나 '생일 축하합니다'(Happy Birthday to You)처럼 짧고 쉬우면서도 누구나 아는 노래를 박자만 "타다닥 타타닥" 들려주면 과연 얼마나 알아맞힐까?

　1990년 미국 스탠퍼드대학 심리학과에서 엘리자베스 뉴턴(Elizabeth Newton)은 박사 논문을 준비하면서 누구나 아는 노래 120곡을 탁자를 두드리는 방식으로 들려주었다. 얼마나 맞혔을까? 두드리는 사람

은 자신이 두드린 노래의 50% 이상은 맞힐 것이라고 예상했지만, 듣는 사람은 불과 2.5%만 알아맞혔다. 그 유명한 '두드리는 자와 듣는 자'(Tapper and Listener) 실험이다.

두드리는 사람은 자신이 친절하게 두드린 박자를 근거로 상대가 어느 정도는 알 수 있을 것이라 기대하지만, 실제로 듣는 사람은 그저 박자만 들을 뿐이다. 이처럼 무엇을 잘 알면 그것을 모르는 상태가 어떤 것인지 상상하기 어려워지는 현상을 '지식의 저주'(The Curse of Knowledge)라고 한다.

말할 때 주의해야 할 것은 이 같은 지식의 저주, 다른 말로 '전문가의 저주'(The Curse of Expertise)다. 글은 모르는 내용을 몇 번이나 곱씹어 이해할 수 있지만, 말은 한번 지나가면 알아듣기 어렵다. 글은 중학생이 이해할 수 있도록 쓴다면, 말은 초등학생이 알아들을 수 있도록 풀어야 한다.

예를 들어보자. 농부가 경운기 배기관을 닦는 데 염산을 써도 되는지 묻자 기술자가 답했다. "화학반응의 불확실성 때문에 바람직하지 않을 듯합니다. 염산부산물이 발생할 수 있으니 재고하세요." 농부가 무슨 말인지 몰라 몇 번이나 되묻자 기술자가 답답해서 큰 소리로 내뱉었다. "할아버지, 염산 쓰면 펑크 나니 쓰지 마세요." 이렇게 쉬운 말을 왜 그리 어렵게 했을까?

7.14. 스타카토로 발음과 속도를 익혀라

카메라 앞에만 서면 말이 따발총처럼 빨리지는 사람들이 있다. 말이 점점 급해져서 발음이 뭉개지기도 한다. 평소엔 유창한 대화로 익살까지 떨던 달변이 카메라만 들이대면 연방 "NG"를 내기도 한다. 입이 바짝 바짝 마르면서 빨라지는 것이다. 너무 긴장하는 바람에 심장 박동이 빨라져 호흡이 달리기 때문이다.

말하는 속도도 중요하다. 말이 빠르면 정신이 없고, 가벼워 보이며, 내용을 제대로 전달하지 못한다. 말이 느리면 답답하고, 느려서 속이 타다가, 결국 집중이 흐트러져 딴 생각을 하게 된다. 장점은 단점을 뒤집으면 된다. 말이 빠르면 시원시원하고 집중이 잘 되는 반면, 말이 느리면 진지해 보이고 전달력이 좋아진다.

말의 속도는 말의 무게에 따라 맞추는 게 좋다. 강조하고 싶은 내용에 따라 완급을 조절하는 것이다. 누구나 다 아는 이야기이거나 가벼운 내용은 약간 빠르게 말하고, 힘을 주고 싶은 무게 있는 내용은 천천히 하면 된다. 또 이름이나 지명 같은 고유명사를 말할 때, 날짜나 금액, 비율 같은 숫자를 말할 때는 하나하나 힘주어 말하면 좋다.

속도가 빨라지면 발음이 뭉개지게 마련이다. 내용을 정확하게 전달하려면 음절이나 단어 하나하나 스타카토(staccato)로 끊어서 말하는 연습을 해보자. 타자를 치듯이, 랩을 하듯이, 하나하나 정확한 발음을 이어 말을 만들어가는 것이다. 말의 무게나 분위기에 따라 스타카토의 속도를 조절하면 된다.

어떤 내용을 강조하고 싶으면 바로 그 앞에서 잠시 말을 쉬면 된다. 포즈(pause)다. 자신을 소개할 때, 인사말을 하고 자신의 이름을 말하기 전에 아주 잠깐 말없이 시간을 끌어보자. 관심을 집중시키는 효과가 생긴다.

"안녕하세요. 윤희정입니다."
"안녕하세요. (하나, 둘, 쉬고) 윤 희 정 입니다."

말하다가 특정한 단어를 강조하고 싶을 때 포즈가 매우 효과적이다. 느낌이 어떻게 다른지 말하면서 곰곰이 되새겨보자.

"아버지가 (하나, 둘, 쉬고) 방에 들어가신다."
"아버지가 방에 (하나, 둘, 쉬고) 들어가신다."

8장

진행 요령

8.1. 디지털 화면의 좀비 퇴치법

내 모습을 디지털 영상으로 보게 되는 경우가 부쩍 늘어났다. 원해서 찍든 어쩔 수 없이 찍히든, 동영상으로 비치는 내 얼굴을 자주보게 됐다. 최근에는 코로나19 때문에 디지털 화면에서 얼굴을 마주하는 모임이 늘어나면서 좋든 싫든 화면에 등장한 내 모습을 자주확인하게 된다. 어쩌면 어릴 때 "텔레비전에 내가 나왔으면~"하고노래 부르던 욕망이 드디어 실현된 셈이다.

그런데 약속한 디지털 화면 속에 옹기종기 모인 사람들의 표정이뜻밖에도 반갑지 않다. 사람이 아닌 노트북이나 스마트폰의 카메라를 보며 웃는 것이 어색해서 그럴까? 마이크를 켜고 말할 기회를 찾지 못해 거의 입을 닫은 상태다. 주제에 오래 집중하기 어려워 대부분 무표정하거나 초점을 잃고 멍하니 다른 곳을 본다. 제각기, 정돈되지 않은 배경과, 꾸미지 않은 차림에, 무표정하고 왜곡된 얼굴들….

좀비(Zombie)일까? 줌(Zoom) 같은 화상회의 화면에 득실거린다고 해서 '줌비'(Zoombie)다.

갑자기 늘어난 디지털 모임에 익숙하지 않아서 그럴까? 카메라에서 나온 자신의 모습이 맘에 들지 않는다. 별다른 준비 없이 웹캠(WebCam) 앞에 앉다 보니, 부스스한 차림으로 화면에 보이는 내 모습이 마뜩찮을 수밖에 없다. 거울 앞에 서듯 카메라 앞에 서야 한다. 거울 앞에서 나를 살피듯 카메라 앞에서 나를 돌이켜봐야 한다. 거울 앞에 서는 법은 자라면서 혼자 터득했지만 카메라 앞에 서는 법은 아무도 알려주지 않는다. 아무도 나를 챙겨주지 않는다. 디지털 모임은 각자 준비해서 혼자 참석하기 때문이다.

바야흐로 영상커뮤니케이션의 시대다. 영상으로 자신을 표현해야 하는 시대다. 사진을 찍을 때는 자신의 얼굴과 옷차림은 물론 배경까지 꼼꼼히 챙기면서, 동영상을 찍을 때는 무감한 사람들이 뜻밖에 많다. 사진 찍을 때 필요한 '얼짱 각도'는 알아도, 동영상을 찍을 때 부려야 할 요령은 하나도 모른다. 영상커뮤니케이션의 시대를 실감하지 못하기 때문이다. 다른 사람을 예쁘게 찍는 법도 배워야 하지만, 화면에서 줌비를 퇴치하는 법, 당장 나부터 예쁘게 찍히는 요령부터 익혀보자.

8.2. 어디서 어떻게 찍을까?

풍경이 아름다운 명승지나 관광지에 가면 멋진 영상을 찍으려 너도나도 몰려드는 곳이 있다. 어떤 곳은 아예 '사진 찍기 좋은 곳'이나 '촬영 포인트', 심지어는 '인생샷 명소'라는 친절한 푯말까지 붙어 있다. 맨눈으로 보기에도 멋진 풍광을 자랑하거나 그곳의 주제를 드러내는 상징적인 배경을 갖춘 곳이다.

사진 한 장 '찰칵' 하려고 이럴진대, 정작 내가 몇 초에서 몇 분까지 등장하는 동영상을 찍을 때는 왜 배경에 신경쓰지 않을까? 그렇다. 제일 먼저 고려할 게 장소다. 적어도 사회지도층 인사라면 아무 데서나 무심코 카메라에 얼굴을 맡기면 안 된다. 내가 원하는 공간으로 카메라를 끌어들이거나, 적어도 내게 맞는 공간으로 꾸밀 수 있어야 한다.

'내가 원하는 공간'으로 서재나 책장을 배경으로 택하는 경우가 상당히 많다. 사회지도층 인사 또는 지식인이라는 걸 드러내고 싶은 욕구 때문이다. 유감스럽게도 서재나 책장은 영상을 찍는 배경으로는 '꽝'이다. 아무리 잘 정돈하더라도 책장은 잡다한 이미지가 많아 시선이 '주인공'에게 꽂히지 않고 사방으로 분산된다. 굳이 책장을 배경으로 하려면 주변을 살짝 어둡게 하고 얼굴 쪽에 부드러운 핀(pin) 조명을 비추는 게 좋다. 의자에 앉아서 말하는 경우 카메라는 눈높이 아이레벨샷(Eye Level Shot, EL)으로 잡는다.

두 번째로 흔한 배경은 창이다. 멋진 풍경이 보이는 창을 빌려 현재 내가 머무는 공간의 위상을 암시하고 싶은 것이다. 미안하게도 창도 별로 추천하는 배경이 아니다. 맨눈으로 볼 땐 멋져 보여도 영상으로 찍으면 얼굴이 어둡게 나온다. 역광이기 때문이다. 창을 등지기보다 향하도록 하면 창을 조명으로 활용해서 얼굴을 밝게 만들 수 있다. 굳이 창을 배경으로 하려면 적절하게 블라인드로 빛의 양을 조절하거나 조명을 쓰는 게 좋다.

실내에서 찍을 경우 가장 먼저 챙겨야 할 것은 소음이다. 거슬리는 영상은 잠시 그러려니 해도 거슬리는 소리는 짜증나기 때문이다. 작은 소음이라 무시해도 영상으로 보면 신경이 제법 쓰인다. 소음이 마이크로 증폭되기 때문이다. 소음을 배경소리로 활용하는 전략이 아니라면 내가 원하는 소리만 들어가도록 조용한 곳을 골라야 한다.

배경은 어두운 게 좋다. 밝으면 얼굴이 어둡게 나오기 때문이다. 적당히 어둡고 단조로운 원톤(one-toned) 배경이 주인공을 돋보이게 만든다. 그렇다고 밋밋한 벽 앞에 떡하니 혼자 있는 모습은 어색해 보인다. 벽에 걸린 시계나 액자 또는 벽 앞에 놓인 큰 화분을 배경으로 두는 게 좋다. 앞에는 작은 화분이나 탁상시계 같은 소품을 챙기는 게 좋다. 적절한 자리에 놓인 예쁜 소품은 '주인공'을 드러나게 해줄 뿐 아니라 '주인공'과의 앞뒤 거리를 가늠하는 입체적인 느낌까지 선사한다. 틈틈이 드라마나 인터뷰 프로그램을 보면서 배경이나 소품도 눈여겨봐두자.

촬영공간이 집이나 사무실이 아니라면 주제에 적합한 현장이 최고의 배경이다. '주인공'이 현장에 있다는 사실 자체가 상당한 신뢰와 공감을 끌 수 있기 때문이다. 얼굴이 해를 향하는 순광(純光)으로 잡고, 상황에 따라 측광(測光)을 활용한다. 특정한 목적이 아니라면 소음이 없고 배경 움직임도 적은 곳을 고른다. 사람이나 자동차가 부산스럽게 다니는 배경은 시선이 흩어진다. 가만히 서서 계속 말하는 것보다는 천천히 걸으면서 시선이 따라오게 만드는 것도 훌륭한 전략이다. 현장은 경험이 가장 위대한 스승이다. 뉴스나 다큐멘터리를 보면서 여러 현장을 눈여겨봐두고, 부지런히 찍어보면서 경험을 쌓는 게 가장 빠른 지름길이다.

인물과 배경의
조화를 이루는 샷의 예
(출처: pixabay)

8.3. 옷은 어떻게 입을까?

영상을 찍을 배경을 고민하는 수준이라면, 차려입을 옷은 더욱 고민스러울 것이다. 영상으로 말하는 빈도가 점점 늘어나는 만큼 상황에 따라 옷차림을 자주 바꾸게 된다. 특히 사회지도층 인사라면, 더더욱 여성이라면 옷차림은 물론 본인의 스타일에 예민할 수밖에 없다. 분홍 원피스를 입고 국회 본회의장에 나왔던 젊은 여성 국회의원이 호사꾼들의 입방아에 오르지 않았던가?

금기사항부터 챙겨보자. 가장 피해야 할 것은 배경과 같은 색상이다. 배경과 비슷한 계열의 색상을 입게 되면 화면에 얼굴만 동동 떠다니는 듯한 우스운 느낌을 주게 된다. 카멜레온처럼 보호색이 작동한 결과, 배경에 묻혀 '주인공'이 사라지는 것이다. 공간을 미리 파악해서 배경과 다른 색을 골라 입거나, 그날 옷차림에 어울리는 배경으로 카메라를 유도하는 센스가 필요하다.

자잘한 줄무늬나 반복되는 바둑판무늬(체크무늬)도 피하는 게 좋다. 화질이 떨어지거나 조명이 좋지 않으면 화면에 어질어질하게 나오거나 단정하지 않은 느낌을 줄 수 있다. 작고 가는 무늬가 규칙적으로 되풀이되면 물결 모양으로 간섭이 일어나는 '무아레 무늬'(moiré fringe) 때문이다. 방송에서는 '화면이 운다'거나 '화면이 번진다'고 표현한다. 무늬 없는 옷이 무난하고 깨끗하게 나온다.

편한 공간이라 생각하고 가끔 '도리'를 지키지 않는 경우가 있다. 아랫도리(下衣)다. 카메라에 잡히는 윗도리는 정성껏 챙겨 입지만, 익숙한 장소에서는 아랫도리에 신경쓰지 않는 경우가 제법 많다. 국내외 유명 TV에서 앵커나 기자가 아랫도리를 챙기지 않아 방송 사고를 내기도 한다. 카메라 수가 늘어나고 성능도 좋아졌기 때문에 언제 어떻게 찍힐지 모른다. 윗도리도 잘 챙겨야 하지만, 아랫도리도 잘 지켜야 한다. 심지어 양말과 신발까지 신경써야 한다.

정장을 입을 때 신뢰감을 주고 싶다면 남성은 남색(navy blue)이나 진회색(charcoal grey)이 좋다. 가장 안정되고 편안한 느낌을 주는 색상이다. 몸이 마르고 왜소한 편이라면 회색을 시도해보자. 짙은 색은 수축되는 느낌을 주지만, 옅은 색은 팽창하는 기분이 든다. 남성에게 넥타이는 개성을 드러낼 수 있는 거의 유일한 액세서리다. 약간 튀는 듯한 화려한 원색이 예쁘게 나온다. 아기자기한 수를 넣거나 멋진 무늬를 가진 넥타이는 화면에서 깔끔하지 않고 지저분해 보일 수도 있다. 개성을 드러낼 수 있는 깔끔한 단색을 골라두자.

여성은 하얀 재킷은 삼가는 게 좋다. 조명이 약하면 얼굴이 어둡게

나올 수 있다. 빛을 반사하는 재질로 만든 옷이나 화려한 장신구도 자제하는 게 좋다. 조명을 받으면 반짝거려 산만한 느낌을 주기 때문이다. 개인의 고유한 스타일이거나 다루는 주제에 어울리지 않는다면 굳이 튀는 옷차림으로 자신의 매력을 분산시킬 이유가 없다.

8.4. 굳이 분장을 할 필요가 있을까?

"동영상을 찍으려면 꼭 분장을 해야 하는가요? 사진 찍을 때는 잘만 나오던데…".

방송 카메라 앞에 서기 전에 분장의 필요성을 묻는 사람들이 제법 있다. 분장을 화장과 다름없다고 생각하는 수수하고 털털한 사람들이다. 화장(化粧)은 화장품을 바르거나 문질러 얼굴을 곱게 꾸미는 것이고, 분장(扮裝)은 등장인물의 성격, 나이, 특징에 맞게 꾸미는 것이다. 영어로는 같지만 한자로는 전혀 다르다. 영어 메이크업(makeup) 때문에 비슷하게 여겨지지만, 한자로 보듯이 전혀 다른 뜻이다. 카메라 앞에 서기 전에 등장인물에 맞게 꾸민다는 것은 나를 내

역할에 맞춰 꾸며준다는 뜻이다.

분장을 권하는 가장 중요한 이유는 조명 때문이다. 조명이 없으면 굳이 분장할 필요는 없다. 사진을 찍을 때도 조명을 쓰면 분장이 필요할 수 있다. 얼굴은 땀이나 기름기가 있으면 조명에 비쳐 번들거리기 때문이다. 땀이 적은 사람도 스튜디오에 가면 조명이 뿜는 열 때문에 금방 땀이 나기 쉽다. 예민한 출연자들은 잠깐잠깐 틈나는 대로 분장을 확인하기도 한다. 심지어 스님들도 분장을 한다. 조명 때문에 번들거리는 부위가 넓어지기 때문이다. 화면이 커지고 화질까지 좋아져 얼굴 땀구멍까지 보이는 시대다. 분장을 무시하면 절대 안 된다.

분장의 기본은 번들거림을 줄이는 것이다. 땀이나 기름기가 많은 T존(T zone)부터 닦아주자. 영어 T자와 비슷한 이마와 코 부위는 피지가 많이 나오기 때문에 금방 번들거리고 화장이 쉽게 지워지거나 뭉친다. 땀과 기름기를 닦아내고 파우더로 톡톡 눌러 번들거림을 줄이면 된다. 땀이 많은 편이라면 틈틈이 T존을 눌러주는 게 좋다. 파우더가 없다면 적어도 화장지나 손수건으로 T존을 닦아주는 정성이 필요하다. 번들거림 하나만 해결해도 훨씬 정돈된 느낌을 줄 수 있다.

번들거림 '지우기'를 마무리했다면 '그리기'에 도전해보자. 눈썹은 출연자의 성격이나 기분을 드러내는 가장 솔직한 부위다. 나이가 들면 눈썹이 빠지거나 희게 세어 눈썹 라인이 희미해지게 마련이다. 눈썹 라인이 약하면 인물이 부각되지 않는다. 화장에 둔한 남성이라도 눈썹 라인을 살짝 챙기는 게 좋다. 입술은 생기를 드러낸다. 여

성이라도 보통 때보다 조금 더 입술에 색조감을 주는 게 좋다. 아무 것도 칠하지 않은 맨 입술은 조명을 받으면 창백하게 생기가 떨어져 보일 수도 있다.

인물을 촬영할 때 카메라는 주로 웨이스트샷(waist shot)이나 버스트 샷(bust shot)을 잡는다. 얼굴에 초점을 맞추는 것이다. 화면에서 얼굴을 확인하면 시선이 주변으로 간다. 자연스럽게 머리스타일, 목과 어깨 그리고 배경으로 눈이 가기 때문에 머리스타일도 다듬어야 한다. 헤어드라이어로 머리를 헤집을 여유가 없다면 적어도 잔머리가 어색하게 삐져나오지 않도록 단정하게 정돈 주기만 해도 된다.

8.5. 자세와 태도도 다듬어야 한다

차림새나 분장은 출연하기 전에 한번 챙기면 되지만, 자세와 태도는 방송 중에 계속 신경을 써야 한다. 차림새와 분장은 카메라가 없어 다른 사람의 도움을 받을 수 있으나 카메라가 작동하면 자세와 태도는 온전히 나의 몫이다. 나도 모르게 나쁜 이미지를 줄 수 있기 때문에 가장 조심해야 할 요소다. 평소에 익숙한 나의 앉거나 선 자세와 작은 손짓이나 몸짓이 화면에서 뜻하지 않게 부정적인 느낌을 주는 경우가 상당히 흔하기 때문이다.

앉아서 진행할 때는 의자 뒤에 기대앉지 않는다. 화면에서 건방져 보인다. 의자에 딱 맞게 앉으면 시간이 지날수록 긴장이 풀어져 대부분 뒤로 기대게 된다. 의자의 2/3까지 엉덩이를 편안하게 걸친다는 느낌으로 앉는 게 좋다. 회의가 길어지면 지루해서 자신도 모르게 왼쪽이나 오른쪽으로 삐딱하게 기울게 된다. 몸의 무게중심은 좌우 평형을 이루면서 살짝 앞쪽에 두는 게 좋다. 화면에서 훨씬 적극적인 느낌으로 다가온다.

서서 진행하는 경우는 다리를 어깨넓이로 벌려 서면 본인은 물론 시청자에게도 안정감을 준다. 어깨에 힘을 너무 주면 어색해 보일 수 있다. 배에 힘을 주자. 몸이 한쪽으로 기울지 않고 자연스럽게 어깨를 펴게 된다.

앉든 서든 카메라에 대고 말만 하면 지루하고 경직되거나 융통성이 없다는 느낌을 줄 수 있다. 상황에 맞게 적절한 손짓이나 몸짓을 섞는 게 좋다. 말의 효과를 더하기 위해 하는 제스처는 정수리와 배꼽 사이에서 보여주는 의미 있는 동작이다. '제2의 언어'라 불리는 만큼 이왕 하려면 카메라에 예쁘게 잡히도록 노력하자.

가장 자주 쓰는 부위가 손이다. 손을 쓸 때 숫자를 말하거나 엄지척, 승리(V) 같은 메시지가 아니라면 손가락을 자연스럽게 모으는 게 좋다. 집게손가락이 나오면 건방져 보이거나 삿대질하는 걸로 보일 수 있다. 무언가를 강조할 때 손가락 끝을 모아 허공에 '콕' 짚어주거나, 다른 사람의 말을 인용할 때 양손을 들고 집게손가락과 가운데

◀앉는 자세
▶선 자세

손가락을 동시에 폈다 접었다 하는 동작은 생동감과 적극성을 불어넣어 설득력을 높일 수 있다. 아무리 좋은 제스처도 남발하면 과장된 할리우드 액션이 된다. 설득력을 높이기는커녕 신뢰를 잃을 수 있다. 상황에 맞춰 개성에 따라 적절하게 사용하는 연습이 필요하다.

8.6. 눈은 어디를 보는 게 좋을까?

눈은 작은 부위지만 금방 눈에 띈다. 평소 대화할 때 상대의 눈을 자주 보는 것은 물론, 길을 가다가 모르는 얼굴이라도 마주치면 눈부터 보게 된다. 눈치부터 살펴 상황을 빨리 파악하도록 진화해왔기 때문이다. 듣는 사람이 보이지 않는 상황, 곧 카메라 앞에서 말하는 경우 눈을 어디로 둬야 할지 자못 고민스러운 경우가 많다.

카메라 렌즈를 정면으로 보면 건방지거나 화가 난 느낌을 주기 십상이다. 평소 대화할 때도 상대가 나를 똑바로 보면 부담스럽듯이 화면에서도 출연자가 나를 정면으로 보면 저절로 눈을 돌리고 싶어진다. 영화나 드라마에 출연하는 연예인들은 절대로 카메라를 정면

211

으로 보지 않도록 훈련을 받는다. 불문율이다. 출연자가 화면 너머로 나를 빤히 쳐다보면 영화와 현실 사이의 벽이 깨져 몰입하는 데 방해가 된다. 시청자를 설득하거나 참여를 요구하는 특별한 목적이 아니라면 렌즈를 빤히 쳐다보지 않는 게 좋다.

카메라에 대고 말할 때는 동그란 렌즈의 살짝 아래쪽을 보는 게 좋다. 사람으로 치면 턱이나 목을 보는 셈이다. 위쪽을 보면 눈을 치켜뜨는 볼썽사나운 화면이 나온다. 왼쪽이나 오른쪽을 볼 때도 얼굴을 너무 돌리면 시청자의 시선을 피하는 부정적인 느낌을 준다. 카메라 좌우 15도, 사람으로 치면 상대의 어깨 정도를 보는 게 좋다. 이른바 '15도의 법칙'이다. 갸름하게 보이는 '얼짱 각도'의 비밀은 바로 이 '15도의 법칙'에 숨어 있다.

코로나19 때문에 화상회의가 잦아지면서 내가 카메라(웹캠)를 설치하고 내가 말해야 하는 경우가 부쩍 늘어났다. 노트북 PC를 책상에 놓고 웹캠을 보는 경우 카메라가 눈높이보다 낮은 로앵글(low angle)로 잡히기 때문에 콧구멍이 크게 보이고 목과 턱의 선이 부각될 수밖에 없다. 웹캠을 높은 곳에 두면 하이앵글(high angle)로 잡혀 왜소하거나 위축되어 보인다. 웹캠을 눈높이 아이레벨(eye level)로 설치하는 게 좋다.

시선은 방향도 중요하지만 움직임은 더 중요하다. 시청자는 등장인물의 시선을 그대로 따라가기 때문이다. 카메라 방향으로 보면서 살짝 살짝 시선의 방향을 바꿔주는 게 좋다. 대본이나 메모를 보면 시선이 아래로 떨어지는데, 이때 턱도 같이 움직이는 게 좋다. 턱을 고정한 채로 눈동자만 아래로 향하면 눈을 내리깔게 되고, 다시 렌즈를 보면 눈을 치켜뜨는 볼썽사나운 장면이 나온다. 눈동자가 항상 눈의 한가운데 머물도록 턱을 움직여야 한다.

카메라 앞에 여러 명이 자리하는 경우, 나를 찍는 카메라가 어디에 있는지 미리 확인해두는 게 좋다. 카메라는 멀리서 풀샷(full shot)으로 전체를 잡는 1번부터 공간과 상황에 따라 2번, 3번이 배치된다. 1번 카메라는 물론 나를 주로 찍는 카메라가 어디에 있는지 파악해두고, 그 카메라를 주로 보면서 말하는 요령을 익히면 된다.

여러 명이 앉으면 진행자가 아닌 이상 다른 사람의 말을 듣는 경우가 많다. 다른 사람을 보려면 턱을 돌려 그 사람을 향해야 한다. 눈만 옆으로 돌아가면 흰자위가 드러나면서 꼴사납게 째려보는 인상을 주게 된다. 턱을 돌리는 각도가 크면 상반신을 같이 돌리거나 자세를 고쳐 앉는 게 낫다. 어깨가 고정된 상태에서 얼굴만 돌리면 시청자를 외면하는 느낌을 주기 때문이다. 카메라 앞에서는 물론이지만 평소에도 상대방을 향해 정중하게 말하고 듣는 게 예의라는 사실을 이미 잘 알고 있지 않은가?

카메라에 시선을 둘 때는 가급적 정면을 보지 않는다.

8.7. 마이크는 어떻게 다룰까?

마이크는 꼭 필요한 걸까? 목소리에 자신 있거나 마이크를 다루기 귀찮아하는 사람들이 마이크를 무시하는 경우가 많다. 결론부터 말하면 마이크를 반드시 쓰는 게 좋다. 보기 싫은 영상은 잠깐 무시하면 되지만, 듣기 싫은 소음은 금방 거슬리기 때문이다. 소리가 너무 커도 너무 작아도, 잡스러운 소음이 자꾸 끼어들면 집중할 수 없어 영상을 보는 즐거움이 단박에 깨진다.

원하는 소리를 모아 녹음하는 오디오픽업(Audio Pickup) 작업에서 마이크는 없어서는 안 되는 필수적인 장치다. 오디오픽업은 소리를 모아서 들게 해주는 단순한 작업이 아니다. 음질은 실제와 같으면서 주제나 화면에 따라 적절하게 조절하거나 변환할 수 있어야 한다. 마이크는 상황에 맞춰 종류와 개수를 선택하고 배치하고 오디오 레벨까지 조정하는 전문가의 손이 필요한 영역이기도 하다. 그렇지 않으면 스피커로 나온 소리가 다시 마이크로 들어가 뜻하지 않게 하울링(howling) 현상으로 날카로운 소음이 발생할 수도 있다. 영상을 많이 만들어본 전문가일수록 오디오픽업의 중요성을 강조한다.

마이크를 잡으면 소리가 제대로 나오는지 확인하기 위해 "아~아~" 또는 "하나 둘 셋 넷…"이라고 말하거나, 별 생각 없이 손으로 툭툭 치는 경우가 많다. 무심코 하는 이런 행동은 가끔 깜짝 놀라게 하거나 시끄럽고 불쾌한 느낌까지 준다. 마이크를 테스트할 때는 누가 듣는지 먼저 살핀 뒤 조심스럽게 상황을 설명하면서 확인해야 한다. 현장의 마이크는 종류에 따라 다루는 방법도 다르다.

출연자의 몸에 다는 핀마이크나 무선마이크는 턱 아래 한 뼘 거리가 좋다. 마이크 방향이 얼굴을 향하도록 놓고, 선이나 본체가 눈에 띄지 않도록 감추는 게 좋다. 몸에 단 뒤에는 오디오 담당자와 함께 상태를 점검하고 나면 동작에 신중해야 한다. 방송 도중 무심코 마이크 주변을 건드리거나 치지 않도록 해야 한다. 잘못 건드리거나 두드리면 마이크가 떨어지거나 소음이 크게 들려 문제가 생길 수 있다.

핀 마이크

무선 마이크

탁상용 스탠드 마이크는 켜고 나서 바로 시작하지 말고, 1~2초 뒤에 말하는 게 좋다. 마이크를 켜면 소리가 잘 들리도록 마이크 가까이 얼굴을 내미는 경우가 많은데, 피해야 할 행동이다. 얼굴을 내밀면 목이 앞으로 빠져 나와 거북목처럼 보이는 데다 자세가 앞으로 기울어 초라하고 어색하게 나타난다. 요즘 마이크는 충분히 성능이 좋기 때문에 거리에 신경쓰지 않고 자연스럽게 말하면 된다.

스탠드 마이크(탁상용)

손에 들고 말하는 핸드 마이크도 마찬가지다. 노래를 부르거나 비트박스(beatbox)나 성대모사를 하는 경우가 아니라면 굳이 입 가까이 갖다 대지 않아도 된다. 마이크는 한 손으로만 잡자. 두 손으로 잡으면 소극적인 느낌을 준다. 높이는 마이크 잡은 손을 가슴 한가운데 두는 정도가 좋다.

핸드 마이크

8.8. 조명은 어떻게 배치할까?

조명은 왠지 좀 어렵고 부담스럽다. 카메라 삼각대(tripod)와 핀마

조명을 설치하는 모습

스튜디오 천장에 달린 조명에 디퓨저를 사용하여, 촬영하고자 하는 피사체에 조명이 직접 닿지 않도록 함으로써 부드러운 조명을 만들었다.

(출처: lottehomeshopping 2013.com)

LED 조명에는 플라스틱으로 만들어진 디퓨저를 사용한다.

이크 같은 촬영장비나 수음장비는 애써 준비해도, 조명은 선뜻 맘이 내키지 않는다. 다른 건 하나만 있어도 되는데 조명은 여러 대를 같이 장만해야 한다. 게다가 전문용어가 많아 선뜻 시도할 엄두가 나지 않는다.

실내촬영은 야외촬영에 비해 빛의 양이 부족할 수밖에 없다. 실내촬영이 잦다면 창과 실내등에만 의존하지 말고 적극적으로 조명을 활용하는 전략을 세워야 한다. 비싼 조명을 여러 대 한꺼번에 동원할 필요는 없다. 조명 한두 개로도 영상의 느낌이 충분히 달라지는 걸 확인한 뒤 차례차례 장만하면 된다. 촬영용 조명을 배치하기 어렵다면 쉽게 구할 수 있는 탁상용 LED 스탠드를 동원해도 된다. 탁상용 스탠드도 종이로 가려 밝기만 조절하면 훌륭한 조명이 된다.

조명은 피사체가 자연스럽고 화사하게 보이도록 만드는 것이다. 각도에 따라 피사체의 원하는 부위에 포인트를 줄 때도 필요하다. 피사체가 가장 자연스럽게 보이도록 배치하는 것이 중요하다.

자주 저지르는 실수를 보자. 지레짐작으로 사진 카메라 플래시와 같은 방법으로 사용하는 것이다. 조명을 카메라에 달아 정면으로 비추거나 피사체와 비슷한 높이에 배치하면 안 된다. 욕심을 부려 조명을 피사체에 너무 가까이 배치하거나 조명을 많이 사용해 특정 부분을 밝게 비추는 것도 잘못된 방법이다.

조명은 배치가 중요하다. 가장 중요한 키라이트(key light)는 인물의 좌우 한쪽 45도에 둔다. 필라이트(fill light)는 좌우 강약을 주기 위해 카메라를 기준으로 키라이트와 마주한 쪽에 놓는다. 백라이트

태양광을 잘 이용하면 좋은 영상을 만들 수 있다. 역광 영상이지만 수동으로 노출(조리개)을 조정하여 인물도 살리고 뒷배경의 밝기도 어두운 부분까지 보여주고 있다. 일반적으로 스마트폰을 자동으로 촬영했다면 피사체(어린이)는 검게 실루엣으로 촬영된다.

(출처: pixabay)

(back light)는 인물을 배경에서 분리해 입체감을 준다. 조명은 눈높이보다 30~45도 위에서 아래, 대각선 방향으로 내려 비추는 게 좋다.

주변 빛을 잘 활용하면 인물이 더 화사해 보인다. 자연스러운 연출이 중요하다. 그래서 해가 쨍쨍한 대낮보다 구름이 적당히 해를 가릴 때 화사한 느낌이 잘 먹힌다. 실내에서 이런 환경을 흉내내려면 디퓨저(diffusor)로 조명을 부드럽게 만들면 된다. 디퓨저를 쓰면 피부가 매끈해져 훨씬 아름다워 보이는 효과가 생긴다. 디퓨저가 없으면, 급한 대로 조명에 얇은 종이나 하얀 비닐봉지를 씌우면 된다.

8.9. 말투도 가다듬어야 한다

마이크를 다룰 줄 알면 말하는 법도 능숙해야 한다. 목소리의 3요소인 호흡·발성·발음을 배우는 것은 앞에서 설명한 '보이스 트레이닝'으로 훈련할 수 있다. 여기서는 말하는 요령에 대해 알아보자.

목소리는 평소보다 살짝 높은 톤이 좋다. 음계로 말하면 '미' 톤이다. 평소 톤으로 말하면 발음이 분명하게 들리지 않을 뿐 아니라, 말을 하는 동안 계속 낮아져 나중에는 발음이 뭉개져 웅얼거리는 것처럼 들리게 된다. 톤을 높이라고 하면 크게 말하는 사람들이 가끔 있다. 소리의 높낮이(高低)와 세기(强弱)를 구분하지 못하는 탓이다. 소리의 높낮이는 음파의 진동수로 결정되고, 소리의 세기는 음파의 진폭에 좌우된다. 말을 시작하기 전에 "도, 레, 미" 하면서 '미' 톤을 걸고, 그 톤을 계속 유지하도록 하자.

속도도 지켜야 한다. 방송에서 아나운서는 1분에 평균 70단어 정도 말한다. 말이 빠른 사람은 90단어까지 풀어낸다. 대화에서 분당 60단어로 말하면 듣고 이해하기 쉬운 편이다. 평소 말하는 것보다 살짝 느리다는 느낌으로, 발음에 신경써서 또박또박 말하는 연습을 해두자.

말을 하다 보면 가끔 자신도 모르게 나오는 말투가 있다. 말을 시작하거나 이어갈 때 잠시 머뭇거리며 "에~", "음~", "아~" 하면서 저절로 나오는 간투사(間投詞)다. 간투사도 다듬어야 한다. "에~"가 아니라 "네~"로, "아~"가 아니라 "자~"로 발음하도록 평소에 익혀두자. 말을 이어갈 때 종종 "스읍~" 빨아들이면서 입맛 다시는 소리를 내는 사람도 있다. 입술이 살짝 열린 상태에서 숨을 들이마실 때 나도 모르게 내는 바람 소리다. 이 역시 습관적으로 내지 않도록 조심해야 한다.

대본을 달달 외워 말을 풀어내려는 사람들을 심심찮게 본다. 절대 절대 절대 외우지 말자! 말을 잘하는 것은 암기능력과는 별 관계가 없다. 외우기 테스트가 아니다. 대본을 달달 외워 풀면 말하는 매력이 떨어진다. 자칫 꼬이면 말문이 막히거나 엉뚱한 방향으로 흐르기 십상이다. 대본이나 메모를 보면서 말하는 것은 별문제가 되지 않는다. 대본을 보더라도 책을 읽듯이 말하는 사람들을 가끔 본다. 말하기는 읽기와 다르다. 말하려는 내용을 충분히 이해한 뒤 자신의 언어로 편안하게 말하도록 해야 한다.

긴장하면 입이 바짝 마르고 혀가 굳어지게 마련이다. 자연스러우면서 정확한 발음을 내기 어려워진다. 마이크 앞에 서기 전에 조금씩 자주 물을 마시면서 혀와 입을 푸는 준비운동을 하자. 운동을 하기 전에 몸을 풀어주듯이, "푸르르~" 불어 입술을 털거나 손으로 입과 턱 주변과 목을 풀어주면 도움이 된다.

8.10. 인터뷰할 때 알아둬야 할 요령

영상을 찍다 보면 인터뷰를 해야 할 때가 상당히 많다. 인터뷰는 콘텐츠의 객관성을 높여 신뢰를 끌어내고 품격을 올려준다. 인터뷰 하나가 얼마나 큰 역할을 하는지 방송뉴스를 보면 알 수 있다. 인터뷰가 없으면 기자의 주관적인 단순보도처럼 보일 수 있지만, 인터뷰가 있으면 전문가(현장 인물)가 참여한 현장보도로 여겨진다. 인터뷰를 '스토리의 꽃'이라 부르는 이유다.

누구를 인터뷰할 것인가? 인터뷰이(Interviewee. 인터뷰 대상)를 잘 고르는 것이 중요하다. 어떤 주제를 다룬다면 그 분야 전문가가 제일

미국이나 유럽에서는
인건비를 절약하기 위해
1인이 촬영, 편집, 기사,
인터뷰 등 혼자서 뉴스를
제작하는 사례가 많다.

(출처: peakpx.com)

중계하는 기자의 얼굴에
태양을 반사하여 비추는
리플렉터(reflector)를 사용하
여 간접조명을 하고 있다.

(출처: pixabay)

좋다. 사건이라면 현장을 직접 본 사람이나, 사건 당사자 또는 당사자와 잘 아는 사람이 좋다.

인터뷰에 익숙한 사람은 그리 많지 않기 때문에 카메라를 들이대면 긴장해서 금방 표정이 굳어져 실수를 하게 마련이다. 시작하기 전에 주제에 관한 질문을 몇 개 던져 마음의 준비를 하게 하고 말이 자연스럽게 나오는 분위기로 만들 필요가 있다. 재미있는 농담으로 한바탕 웃고 나면 훨씬 부드러워진다. 실수가 잦은 사람은 일부러 연습이라 해놓고 찍은 영상이 더 좋은 경우가 많다.

좋은 인터뷰를 따내려면 인터뷰어가 먼저 크고 자신 있게 말하면서 비슷하게 하도록 유도하는 게 좋다. 평소 톤보다 살짝 높이고, 속도는 평소보다 조금 느린 느낌으로 말하게 하는 것이다. 자신이 없으면 시선이 흔들리기 쉽다. 카메라를 보는 요령도 설명해주고 자연스럽게 시선이 머물 수 있는 지점을 잡아주는 게 좋다.

인터뷰는 길 필요가 없다. 다른 사람이 아닌, 꼭 그 사람만이 말할 수 있는 내용으로 줄이는 게 중요하다. 12~15초, 두세 마디면 충분하다. 단문으로 2~3개 문장이다. 이 짧은 인터뷰 하나 따는 데 간혹 몇 시간이 걸리기도 한다. 편안한 상태에서 흉금을 터놓도록 이끈 인터뷰가 진솔하고 호소력도 높다. 질문에 바로 답을 하면 오디오가 겹쳐 편집이 어려울 수 있으니, 3초 정도 지나 답을 하도록 하는 게 좋다.

현장에 가면 촬영자가 깜박하기 쉬운 것도 많다. 마이크가 제대로 작동하는지, 특히 휴대용 마이크는 전원이 제대로 들어오는지 반드시 확인해야 한다. 스마트폰으로 찍으면 마이크와 이어폰 두 기능을 동시에 사용할 수 없다. 예를 들어 인터뷰를 하기 위해 마이크를 연결하면 이어폰으로 오디오 체크를 할 수 없다.

인터뷰 샷의 크기는 어떻게 할까? 시청자가 스마트폰으로 본다면 가슴까지 나오는 버스트샷(bust shot), TV나 컴퓨터로 본다면 배꼽 정도의 웨이스트샷(waist shot)으로 잡는 게 좋다. 인터뷰가 끝났다고 바로 보내면 절대 안 된다. 촬영하고 녹음한 내용을 반드시 확인해야 한다. 만약 그냥 보냈다면, 잠깐의 실수로 돌이킬 수 없는 결과를 경험하게 될 것이다.

8.11. 스마트폰은 가로 촬영이 기본이다

동영상을 찍을 때는 가로로 찍는 게 좋다. 세로 촬영이나 또 다른 방법으로 찍는 특별한 목적이 없다면 말이다. 그래서 '가로본능'이라는 말까지 나온다.

가로 촬영은 공간을 많이 담을 수 있고 좋은 구도를 찾아낼 수 있다. 가까운 곳과 먼 곳의 깊이를 나타내 원근감을 표현하기 좋고, 대상의 입체적인 느낌을 가능하게 해준다. 가로로 촬영하는 이유는 우리가 보는 거의 대부분의 화면이 가로이기 때문이기도 하다. TV나 컴퓨터의 모니터는 가로로 보도록 만들어졌다.

보통 사람이 우연히 어떤 사건을 보고 증거를 남기거나 방송사에 제보할 목적으로 영상을 찍는다면 가로로 찍는 게 좋다. 세로로 찍은 영상은 가로 화면에서 그 내용을 충분히 보여주지 못하고 예쁘게 나오지도 않기 때문이다. 귀한 증거자료는 물론 역사로도 남을 수 있는 장면을 제대로 보여주지 못한다면 얼마나 안타까운가.

동영상 촬영은 특정한 목적
외에는 가로 촬영을 기본으로
한다. 세로 촬영을 했을 경우
뉴스 제보나 TV,
모니터로 볼 때 이와 같이 일
부 화면밖에 사용하지
못하는 단점이 있다.
(출처: MBC 뉴스 캡처)

세로 촬영의 또 다른 영상
(출처: SBS 뉴스 PPT 캡처)

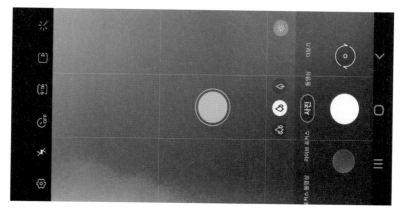

스마트폰으로 촬영할 경우
16:9 비율, 가로 촬영을
기본으로 한다.

8.12. 스마트폰으로 찍을 때 오디오픽업 요령

스마트폰으로 영상을 찍을 때 저지르는 가장 흔한 실수 중 하나가 오디오를 간과하는 것이다. 촬영을 마치고 편집을 하려고 오디오를 들어보면 정작 듣고 싶은 소리는 작게 들리고, 필요 없는 소음이나 잡음이 더 크게 들려 당황하는 경우가 많다. 스마트폰으로 촬영하면 오디오를 대개 내장 마이크에 의존하기 때문이다.

스마트폰으로 촬영할 때는 화면에 보이는 선명한 화질처럼 깨끗한 음질을 기대하면 안 된다. 렌즈는 적당히 거리가 멀어도 촬영할 수 있지만, 마이크는 거리가 멀면 소리가 초라해질 수밖에 없다. 피사체를 찍기 위해 이리저리 움직이다 보면 내장 마이크와 피사체의 거리가 가까워졌다 멀어졌다 하기 때문에 소리가 들쭉날쭉 저장된다. 반드시 마이크를 따로 써서 오디오를 픽업해야 하는 이유다.

샷건 마이크

외장 마이크는 지향성이 뛰어난 샷건 마이크(shotgun mike)와 무선으로 연결하는 와이어리스 마이크(wireless mike), 라인으로 연결해서 사용하는 핀 마이크(pin mike)가 있다. 가격은 핀 마이크가 2만 원대, 샷건 마이크는 10만 원대, 와이어리스 마이크는 50만 원대다.

8.13. 진행자는 큐카드를 준비하자

어떤 행사에서 사회를 보거나 진행을 맡으면 순서와 내용을 헷갈리지 않도록 키워드 위주로 정리한 카드를 사용한다. 큐카드(cue card)

다. 행사를 진행하면서 살짝살짝 보는 커닝페이퍼나 마찬가지다. 방송을 원활하게 진행하려면 큐카드가 더 절실하게 필요하다. 방송에서 큐카드를 사용하면 멋져 보인다. 진행자가 아니라도 뒷면에 프로그램 로고를 담은 예쁜 큐카드를 준비해보자.

무대에 연단(podium)이 있으면 보통 사용하는 용지(A4)를 그대로 써도 된다. 카메라에 잘 잡히지 않기 때문이다. 연단 없이 앉아서 진행한다면 A4 용지 절반 크기의 큐카드를 만들어 중간중간 보면서 해도 된다.

중요한 것은 자료는 큐카드처럼 낱장으로 준비해야 한다는 것이다. 클립이나 스테어플러로 찍어두면 다음 페이지로 넘기는 동작이 커서 카메라에 들킬 수도 있고, 넘기는 소리가 마이크에 크게 잡힐 수도 있다.

9장

스마트폰과 부속장치

9.1. 스마트폰 카메라 설정하는 법

　스마트폰에서 카메라 기능이 첨단으로 치닫고 있다. 새로운 기종이 나올 때마다 화려한 카메라 기능을 자랑한다. 제아무리 스마트 TV라도 채널과 음량만 조절한다면 '바보상자'일 수밖에 없듯이, 어떤 첨단 스마트폰이라도 촬영 버튼만 누를 줄 안다면 '멍텅구리' 카메라나 다름없다.

　카메라 설정하는 법부터 배워보자. 카메라 앱을 누르면 오른쪽과 같은 화면이 뜬다.

　기종에 따라 다를 수 있지만, 왼쪽 맨 위 톱니바퀴 모양이 '설정'이다(삼성 갤럭시 S10 기준). '설정'을 누르면 '인텔리전트 기능', '사진', '동영상', '유용한 기능'이 나온다. 가장 자주 사용하는 게 '후면 동영상'이다. '후면 동영상 크기'를 눌러보자. 전면 동영상도 같은 방법으로 설정하면 된다.

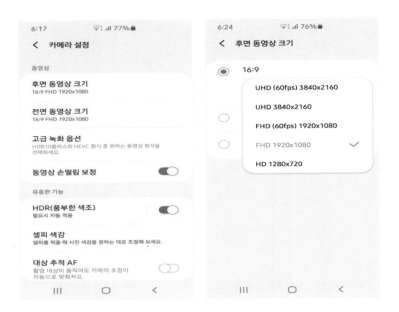

　찍은 영상을 스마트폰이나 TV로 보려면 가로:세로 비율을 말하는
화면비(aspect ratio)를 16:9로 하는 게 좋다. 아날로그방송 시절에는 4:3
이었고, HD방송부터 16:9가 자리잡았다. 최근 가로:세로 비율이 같거
나 세로가 더 길어지는 화면비가 나오게 된 이유는, 주로 세로로 들
고 사용하는 스마트폰에서 가로 영상을 보려면 스마트폰을 옆으로
돌려야 하기 때문이다.

　화질은 FHD 1920x1080 이상으로 찍는 게 좋다. 높을수록 화질이
좋아지지만 용량을 많이 잡아먹는다. '30fps'는 1초에 30프레임의 속
도(fps: frames per second)로 찍는다는 뜻이다. '60fps'는 1초에 60프레임의
속도다. TV에서 보는 동영상은 대부분 30(fps) 프레임이다. 움직임이
빠른 스포츠나 동작이 빠른 춤은 60(fps)프레임으로 찍으면 부드럽고
섬세한 영상을 보여주고, 편집할 때 2/1 슬로모션으로 늘여도 무리

가 없다. 참고로, 영화 필름은 24프레임이다. 조금 거칠고 투박한 특성을 영화로 나타내는 것이다.

HD, FHD, UHD 등 해상도는 화면에서 이미지가 어느 정도 정밀하게 표현되는가를 말한다. 해상도는 가로세로 1인치당 들어 있는 픽셀(pixel: 화소) 수로 표현한다. 화면을 확대해보면 매우 작은 네모로 이루어져 있는데, 가장 작은 네모 하나가 1픽셀이다.

(출처: smasungdisplay.com)

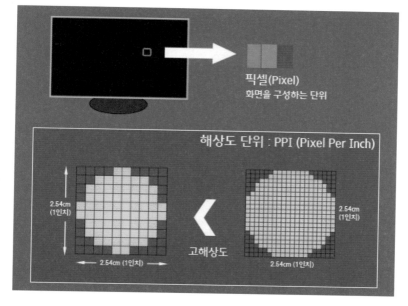

영상의 품질을 높이려면 '고급 녹화 옵션'에서 'HDR 10플러스' 기능을 이용한다. HDR(high dynamic range) 화질과 명암을 생생하게 만들어 최적의 영상을 구현하는 기술로, 10플러스는 각 프레임별로 색상과 밝기를 최적화하여 장면마다 세밀하고 완벽한 화질을 보여준다.

핸드폰은 작아서 들고 촬영할 때 아무리 조심해도 흔들리기 쉽다.

이때 필요한 것이 '동영상 손떨림 보정' 기능이다. 흔들림을 획기적으로 줄여주는 짐벌(gimbal)보다는 못하지만, 최신 제품일수록 손떨림 보정 효과가 점점 나아지고 있다. 움직이는 대상을 따라가면서 찍을 때는 '손떨림 보정'을 끄고 '대상 추적 AF'를 켜는 게 좋다. AF는 'auto focus'를 말한다. 움직이는 대상을 따라가면서 자동으로 초점을 맞춰주는 기능이다.

'HDR(풍부한 색조)'은 디지털 영상에서 밝은 곳은 더 밝게, 어두운 곳은 더 어둡게 만들어 실제 눈으로 보는 것에 가깝게 밝기의 범위(dynamic range)를 넓혀주는 기술이다. 밝기가 다른 영상을 연속 촬영하면 밝고 어두운 부분이 다 잘 나온 영상으로 합성해준다. 합성은 카메라 안에서 자동으로 이루어진다. 밝은 부분은 광량을 줄이고, 어두운 부분은 광량을 늘려 영상을 조화롭게 만들어준다.

HDR이 필요한 환경은 사진 한 장에 밝고 어두운 부분이 동시에 있는 경우다. 예를 들면 해를 마주하는 역광에서 찍을 때 좋다. 또

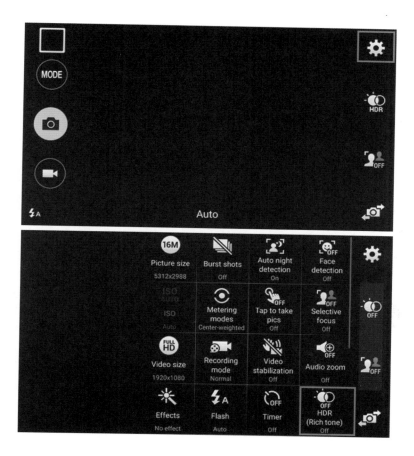

맑은 여름 날씨에 정오부터 오후 3시 정도 햇빛이 머리 위에서 수직으로 내리비쳐 사람이나 나무의 밝은 부분과 어두운 부분이 뚜렷하게 나뉠 때 활용할 수 있다. 어두운 밤에 불빛이 있는 곳에서 촬영할 때도 좋다.

촬영할 때 좋은 구도를 잡으려면 '수직/수평 안내선'을 켜두면 도움이 된다. 카메라 화면을 가로세로로 3등분 하는 선이 나타나기 때문에 수직과 수평을 맞추기 쉽다. 또 가로선과 세로선이 만나는 네 점 가운데 하나에 피사체를 두는 3등분 구도를 잡는 데 유용하다. 초보라면 이 밖에 다른 기능은 일단 무시하고 가도 좋다.

촬영할 때 대상에 초점을 맞추되, 배경은 살짝 흐릿하게 나타나도록 하는 것을 '아웃포커스'(out of focus)라 한다. 강조하고 싶은 대상을 돋보이게 할 때 쓰는 기법이다. 심도가 낮아져 피사체의 배경이 살짝 흐려지는 '보케'(bokeh) 효과 덕분이다. 스마트폰에서는 아웃포커스를 '라이브포커스'라고도 한다. 라이브포커스는 초점을 맞춘 피사체에 시선이 집중되기 때문에 깊이 있는 영상을 만들어낼 수 있다. 라이브포커스는 피사체와 거리를 0.5~1.5m 정도 두고 찍어야 제대로 나온다. 흐린 배경에도 블러(blur), 빅서클(big circle), 컬러포인트, 글리치(glitch) 같은 다양한 효과를 적용할 수 있다.

9.2. 스마트폰 카메라의 다양한 기능

다양한 '사진' 기능도 살펴보자. 1, 2, 3 그루 있는 '나무' 아이콘을 누르면 광각렌즈나 망원렌즈를 선택할 수 있다. 나무 아이콘 옆에 있는 '바람개비'는 촬영한 사진의 품질이 떨어질 경우 다시 촬영할 수 있도록 장면별로 최적촬영, 촬영구도가이드, 촬영 보완점 알림으로, 베스트 컷(best cut)을 위한 구도와 초점과 설정값까지 알려주는 인텔리전트 기능이다. 눈을 감거나 몸을 움직인 사람이 있거나, 렌즈에 먼지가 묻은 경우에 사진을 찍으면 화면에 '눈을 감았어요'나 '흔들렸어요' 하는 메시지를 바로 알려준다.

'바람개비'를 눌러 인텔리전트 기능을 선택하면 배경에 적합한 장

면(scene)을 카메라가 골라준다. 카메라는 20개 장면을 잡아 현장에 가장 어울리는 색감으로 조정해준다. 예를 들면 음식, 인물, 꽃, 실내, 동물, 풍경, 나무, 하늘, 산, 바다, 일출·일몰, 거리, 야경, 폭포, 눈 풍경, 새, 역광 같은 상황을 인식하면 해당 장면의 종류를 아이콘으로 표시하며 최적의 색감을 자동 적용해준다. 찍는 사람이 장면을 선택할 수 없기 때문에 색감이 바뀌는 것을 원하지 않으면 꺼두면 된다.

'마술봉'처럼 생긴 아이콘은 필터를 통해 따스하거나 차분한 느낌을 만들 수 있고, '마이필터'로 원하는 느낌을 지정할 수도 있다. '뷰티'는 V라인으로 만들거나 코를 키우는 식으로 얼굴 모양을 바꾸는 기능이다. '모션포토'는 촬영버튼을 누르기 직전의 순간까지도 담아낸다.

'더보기'로 들어가면 프로, 파노라마, 음식, 야간, 슈퍼슬로우모션, 슬로우모션, 프로동영상, 하이퍼랩스 같은 다양한 아이콘이 있다. 하나씩 눌러보자. '프로'를 알면, 말 그대로 프로다운 영상을 만들어낼 수 있다. 촬영을 모르는 사람들은 거의 모든 사진을 자동모드로 찍지만, 프로는 카메라의 성능과 기능에 맞는 조건을 설정하기 때문에 가장 좋은 영상을 얻을 수 있는 것이다. DSLR처럼 ISO 감도, 셔터속도, 노출값 같은 조건을 직접 설정한다. 사진과 동영상 모두 설정 가능하다.

'ISO 감도'는 국제표준화기구(International Organization for Standardization)에서 정한 기준으로 빛에 대한 감도(감광속도) 표준을 정한 것이다. 조리개와 셔터속도만 조절해서 원하는 영상을 얻지 못할 경우 ISO 감도를 조정하면 된다. ISO 감도는 50~3200의 숫자로 표시된다. 숫자가 커질수록 감도가 높아 어두운 곳에서도 촬영할 수 있지만 작은 점이 번쩍이는 노이즈가 많이 생긴다. 맑은 날은 50~100 정도, 가로등이 있는 큰길이나 골목은 200~400정도, 아주 어두운 곳은 400 이상을 쓰면 된다. 자동모드에서는 야간모드를 사용하면 된다. 수동(기본)에서는 색온도, 틴트, 대비, 채도, 하이라이트, 쉐도우 등의 높낮이를 원하는 수준으로 직접 조정할 수 있다.

셔터스피드(shutter speed)는 카메라 셔터가 열리는 시간을 조절한다. 빠르게 움직이는 대상의 순간적인 모습을 포착하려면 셔터스피드를 높이고, 정지한 대상은 셔터스피드를 낮춘다. 밤에 주행하는 자동차의 불빛이나 폭포에서 떨어지는 물을 느린 셔터스피드로 촬영하면 환상적인 영상을 얻을 수 있다. 빠르게 달리는 경주용 자동차는 일반적으로 셔터스피드를 높여 자동차와 주변 배경까지 잘 나오도록 촬영한다. 반대로 셔터스피드를 낮춰 동영상 패닝(panning) 촬영처럼 카메라가 경주용 자동차와 레이서를 따라가면 포커스가 맞는 자동차는 선명한 반면, 배경이 흐르게 되어 자동차의 빠른 속도를 느끼게 해주는 영상을 얻을 수 있다.

(출처: pixabay)

카메라로 촬영할 때 사람이 인지하는 빛에 따라 색의 표현에 차이가 나타난다. 색온도가 낮으면 붉은 빛을 띠고, 색온도가 높으면 파란 빛을 띤다. 태양광 아래에서 촬영하더라도 일출·한낮·일몰 등 빛의 온도(색온도)에 따라 피사체의 색감이 다르게 나타난다. 이를 방지하기 위해서 색온도를 보정하여 이상적인 흰색이 촬영되도록 하는 기능이 바로 화이트밸런스(W/B)다. 카메라 렌즈를 흰 판에 맞추어, 흰색을 기준으로 R, G, B 각각의 색상을 조정한다고 해서 화이트밸런스다. 곧, 흰색을 흰색답게 표현하기 위한 설정이다. 화이트밸런스를 조정하면 기계적으로 빛의 색깔을 바꿀 수 있다.

백열등 아래에서는 파란 느낌을 풍기고, 텅스텐 조명에서는 붉은 색감이 나온다. 예를 들어 일출을 촬영할 때 W/B를 자동으로 놓으면 일출인지 일몰인지 구분하기 어려운 색감이 나온다. 일출 영상은 주변이 파란색을 띠는 가운데 태양이 붉게 올라오면서 파란색이 점점 붉은색으로 변한다. 일몰 영상은 그 반대로 주변이 붉은색을 띠며 태양이 저물면서 점점 더 붉은색으로 변하다 어두워지면서 붉은

색의 여운이 남는다.

　프로 메뉴에는 AF/MF 버튼이 있다. FOCUS(Auto, Manual) 기능이다. 누르면 가는 눈금이 생기면서 자동이라는 문구가 노랗게 나온다. 바탕에는 작은 네모 모양의 점이 여러 개 나타난다. 멀티초점이다. AF는 자동으로 영상을 촬영할 때 여러 영역에 초점을 맞추는 표시로, 대상의 움직임에 초점을 빠르게 맞추거나 프레임 전체에 초점을 맞출 때 사용한다. 멀티초점을 다시 누르면 사각형 가운데 점이 하나 있는 모습으로 변한다. 가운데에 초점을 맞추는 기능으로, 작은 물체나 한곳에 초점을 맞출 때 사용한다. MF는 눈금에서 레벨을 선택해 초점을 자유롭게 바꿀 수 있는 수동초점이다. 초점을 꽃 모양까

멀티초점

중앙영역 초점

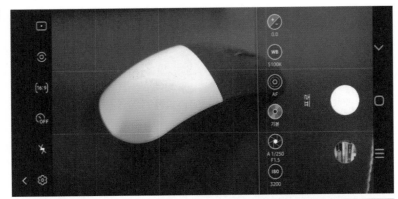

수동초점

지 내리면 접사 모드가 된다. 심도가 얕아져 가까이 있는 피사체만 초점이 맞고 나머지는 흐려진다.

컴컴한 밤이나 어두운 곳에서 애써 찍은 사진이 흐리고 지글거리면 적잖게 실망하게 된다. 요즘 출시된 스마트폰은 첨단 이미지센서로 어두운 환경에서도 더 밝은 사진을 얻을 수 있도록 지원한다. 또한 번에 여러 사진을 찍은 뒤, 노이즈가 덜한 부분을 조합해 선명한 사진을 제공한다. 인공지능 기술 덕에 어두워져도 밝게 기억하는 '저조도 촬영' 방식인 야간모드도 강력해졌다. 다중 이미지처리기술과

(출처: 삼성 갤럭시)

ISO 감도를 조정하여 이미지센서 감도와 셔터 속도를 높여 야간 촬영에서 흔히 나타나는 흐릿한 현상을 줄여준다.

순식간에 지나가는 짧은 순간을 실제보다 느리게 촬영하는 슬로우모션(slow motion)과 슈퍼슬로우모션(super slow motion) 기능도 있다. 평소엔 일반 영상(30fps)으로 찍다가 필요한 순간 960fps로 촬영하는 기능이다. 960fps을 지원하는 초고속 카메라로 촬영하면 30fps 대비 32배, 기존 슬로모션(240fps) 대비 4배 느리게 재생해준다. 맨눈으로 보기 힘든 찰나의 표정 변화나 빠른 물체의 미세한 움직임까지 볼 수 있다. 슈퍼슬로우모션은 0.4초와 0.8초 두 가지 방법으로 촬영할 수 있다. 셔터속도가 빠른 초고속 촬영이기 때문에 빛이 충분한 환경에서 찍어야 좋은 화질을 얻을 수 있다. 흐린 날, 실내, 저녁 같은 어두운 환경에서는 노이즈가 발생할 수 있고, 형광등 아래에서 찍으면 사람이 느끼지는 못하지만 조명이 깜박거리는 플리커(flicker) 현상이 발생할 수 있다.

한 장소에 카메라를 고정하고 오랫동안 대상의 변화를 촬영해서

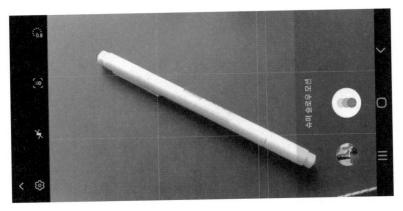

(출처: pixabay)

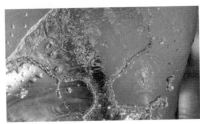

짧게 압축하는 것을 타임랩스(time lapse)라고 한다. 쉽게 말하면 '영상 빨리 돌리기'다. 카메라로 해가 지는 일몰을 촬영하려면 1초에 30프레임을 찍는 속도(30fps)를 5초에 1프레임을 찍도록 설정해야 하지만, 스마트폰은 '타임랩스' 버튼을 누르고 시간만 조정하면 된다. 파란 하늘에 구름이 흐르는 영상을 원하면 2~3초 간격에 1프레임으로 설정하고, 밤하늘 별자리가 움직이는 장면이 필요하면 15~30초에 1프레임으로 촬영하면 된다.

　타임랩스가 한자리에서 시간을 압축한다면, 하이퍼랩스(Hyper Lapse)는 이동하면서 시간과 공간을 압축 기록하는 것이다. 예를 들어 이탈리아 로마 시내를 다니면서 동영상을 계속 찍는다면 저장용량도 크고 짧게 편집하기도 불편하다. 하이퍼랩스로 찍으면 몇 시간짜리

긴 영상도 몇 분짜리로 줄여 시간과 공간의 변화를 빠르게 볼 수 있다. 하이퍼랩스는 스마트폰을 고정해서 흔들림이 적은 영상을 만들어주는 짐벌(gimbal)이 필요하다.

풍경을 눈에 보이는 대로 수평으로 길게 찍는 기능이 파노라마 (panorama)다. 예전에는 수평 방향으로만 찍을 수 있었지만, 최근에는 수직 방향으로도 촬영할 수 있다. 한 바퀴 360도에 가까운 파노라마까지 가능하다는 것이다. 수직 파노라마는 높은 건물, 큰 나무, 높은 산도 한 화면에 담을 수 있다.

타임랩스
(출처: pixabay)

하이퍼랩스
(출처: pixabay)

파노라마
(출처: pixabay)

스포츠 경기를 보는데 갑자기 득점을 할 때나 아침 해가 떠오르는 순간처럼 찰나에 스쳐가는 장면을 촬영할 때, 상황에 맞는 촬영 모드를 고르다 정작 원하는 순간을 놓치는 경우가 있다. 이때 필요한 기능이 싱글테이크(single take)다. 몇 초 동안 동영상을 찍으면 여러 렌즈로 찍은 라이브포커스·광각·타임랩스 같은 사진과 동영상을 한꺼번에 얻을 수 있다.

(출처: samsungsvc.co.kr)

사진: ① AI 베스트 샷,
　　　② 울트라 와이드 샷,
　　　③ AI 필터,
　　　④ 스마트 크롭
비디오: ⑤ 원본,
　　　⑥ 빨리 감기,
　　　⑦ 바운스(연속 촬영)
(출처: samsungsvc.co.kr)

9.3. 흔들림 없이 편안한 삼각대

스마트폰은 가볍기 때문에 영상을 찍으면 흔들리기 쉽다. 방송용 카메라로 찍어도 흔들리는데 스마트폰으로 찍으면 더 많이 더 자주 흔들릴 수밖에 없다. 카메라도 삼각대를 쓰는 만큼 스마트폰으로 찍더라도 삼각대를 사용하면 흔들림 없는 안정적인 동영상을 찍을 수 있다.

삼각대는 크고 무거운 망원렌즈나 대형 카메라를 놓고 촬영할 때, 또는 야경을 찍거나 자동셔터 기능을 쓸 때 사용한다. 다리 3개가 안정적으로 수평을 잡아주기 때문에 삼발이, 또는 트라이포드(tripod)라고도 한다. 삼각대를 사용하면 화면의 흔들림을 잡을 수 있을 뿐 아니라 구도를 잡는 데도 훨씬 유리하다.

특히 야간촬영에서는 스마트폰을 가능한 한 움직이지 않아야 한다, 또 촬영한 뒤에도 1초 정도 움직이지 않아야 포커스가 맞게 나온다. 삼각대를 사용하면 ISO와 셔터스피드를 낮게 하여 촬영자의 의도와 상황에 맞는 흔들림 없는 영상을 얻을 수 있다.

셀카봉(selfie stick)도 좋다. 다리가 하나라 모노포드(monopod)라고도 불린다. 금속막대를 잡아당겨 길이를 늘릴 수 있고, 한쪽에는 손잡이, 다른 쪽에는 스마트폰을 고정하는 클램프가 있다. 셀카봉을 쓰면 맨손으로 촬영할 때보다 흔들림이 덜하고, 셀카봉 길이만큼 다른 거리나 각도로 찍을 수 있다. 요즘 셀카봉은 1인칭 시점의 영상을 만들거나 현장의 생동감을 살리는 목적으로 애용되고 있다. 셀카봉은 길게 뽑았을 때 단단하게 고정돼야 하며, 길이가 80cm 이상인 것이 좋다. 자신을 라이브포커스로 찍으려면 스마트폰을 1.5m 이상 멀리 놓아야 하기 때문이다.

삼각대도 셀카봉도 없는 맨몸일 경우 촬영 자세라도 안정적으로 유지해야 한다. 다리를 어깨넓이로 벌려 기마 자세로 하고, 엉덩이를 뒤로 뺀 다음 양팔을 겨드랑이에 붙여 숨을 참은 상태에서 촬영하는 게 좋다. 촬영시간이 길면 스마트폰을 잡은 손의 손목을 다른 손으로 잡고 지지해주는 것도 좋다.

스마트폰 자체에도 흔들림을 줄이는 기능이 있다. 카메라 설정에서 '동영상 손떨림 보정' 기능을 켜면 된다. 최근 나온 첨단 기종에는 흔들림 방지기능이 강화된 '슈퍼스테디'(super steady) 기능도 있다. 샘플 레이트를 500MHz에서 833MHz로 높이면 미세한 흔들림까지 감지해 더욱 안정적이고 부드러운 영상을 촬영할 수 있다. 하이퍼랩스를 찍을 때 아주 좋다. 앞으로 인공지능 기반으로 사용자의 동작을 분석해서 흔들림이 많은 상황에도 안정적인 영상을 제공하는 기능이 점점 향상될 것이다.

9.4. 계단에도 흔들림이 적은 짐벌

한 자리에 멈춘 상태에서 촬영하려면 삼각대로 충분하지만, 움직이는 카메라워킹에서는 삼각대를 쓸 수가 없다. 피사체에 다가가는 달리샷(dolly shot)이나 피사체를 따라가는 팔로우샷(follow shot)은 계속 움직여야 하기 때문이다. 스마트폰이나 DSLR 카메라에는 손떨림방지

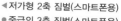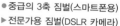
◀저가형 2축 짐벌(스마트폰용)
●중급의 3축 짐벌(스마트폰용)
▶전문가용 짐벌(DSLR 카메라)

기능이 있다. 1/30초가량의 짧은 시간 동안 흔들리는 1~2mm까지 잡아주는 기능이다. 동영상을 찍을 때 손떨림방지 기능은 수평 방향과 수직 방향의 진동을 조금 막아주긴 해도 카메라 자체가 흔들리는 것까지 보정하지는 못한다.

빠르게 움직이는 피사체를 찍기 위해 스마트폰을 들고 종종걸음 치거나 계단을 오를 때 흔들림을 줄이려면 짐벌(gimbal)이 필요하다. 짐벌은 원래 항해용 시계(크로노미터)나 나침반을 수평으로 유지해주는 장치였다. 배가 흔들리는 위아래 방향(yawing), 앞뒤 방향(pitching), 좌우 방향(rolling)의 움직임을 보정해주는 장치다.

이 짐벌이 스마트폰이나 카메라를 지원하는 휴대용 촬영보조기구로 쓰이면서 동영상의 흔들림이 크게 줄었다. 속에 자이로센서와 가속도센서가 있어, 소형모터가 움직이는 반대 방향으로 몸체를 기울여 흔들림을 잡아준다. 움직이는 방향 x축, y축, z축 가운데 두 방향만 잡으면 2축 짐벌, 세 방향을 다 잡으면 3축 짐벌이다. 3축 짐벌은 기능에 따라 가격이 차이가 많이 나지만, 2축 짐벌은 3~5만 원대로 비교적 싼 편이다. 휴대용이라 배터리를 쓰기 때문에 미리 전원을 확인하거나 예비 배터리를 준비해둬야 한다. 또 동선을 미리 파악해

서 여러 번 연습하면 전문가가 찍은 것처럼 상당히 안정된 영상을 얻을 수 있다.

9.5. 카메라 슬라이더와 숄더리그

영화나 드라마를 찍을 때 레일을 깔고 카메라로 촬영하는 장면을 가끔 본다. 피사체에 다가가는 달리샷이나 피사체를 나란히 따라 가는 트러킹샷(trucking shot)은 레일이나 바퀴를 타고 움직인다. 이제 스마트폰도 궤도를 따라 흔들리지 않는 영상을 찍을 수 있게 됐다.

카메라 슬라이더는 직선으로 움직이는 레일 위에 스마트폰이나 카메라를 올려놓고 사진이나 영상을 찍을 수 있도록 한 장치다. 궤도를 따라가는 카메라의 시선이 부드럽고 안정적이다. 삼각대나 다른 장비와 결합해서 수직 방향이나 사선 방향으로 움직이면서 촬영할 수도 있다. 네 다리는 높이를 조절할 수 있고 고무가 달려 있어 바닥을 안정적으로 지지해준다. 또 수평계가 달려 있어 수평 상태인지 확인할 수 있게 해준다.

카메라 슬라이더
(출처: shutterstock)

어깨나 가슴에 밀착시켜 단단하게 지지하는 숄더리그(shoulder league)도 이제 생소하지 않다. 정지 상태에서 삼각대가 필요 없을 뿐 아니라 이동할 때도 흔들림을 줄여 안정적인 화면을 구현할 수 있다.

9.6. 바람 소리까지 잡아주는 마이크

촬영하면서 영상은 스마트폰이나 카메라의 화면으로 바로 확인하지만, 오디오는 눈에 보이지 않기 때문에 나중에 결과를 확인하고 당황하는 경우가 상당히 흔하다. 촬영이 끝나고 확인해보면 음질이 나쁘거나 잡음이 많거나 심지어 녹음이 되지 않은 경우도 있기 때문이다. 그래서 영상을 찍을 때 헤드폰을 쓰고 오디오를 확인하면서 촬영하는 것이다.

마이크는 촬영장비인 스마트폰이나 카메라에 들어 있는 내장 마이크를 써도 되지만, 좀 더 전문적이고 세련된 오디오를 원한다면 외장 마이크를 사용하는 것이 좋다. 외장 마이크는 무선과 유선으로 구분할 수 있는데, 무선 마이크는 편리하긴 하지만 노이즈가 많이 잡히고 배터리를 자주 확인해야 한다. 발표, 인터뷰, 내레이션을 하는 경우 정면의 소리만 받아들이는 지향성 마이크가 좋고, 공연장이나 야외에서 다양한 소리까지 녹음하려면 모든 방향의 소리를 받아들이는 무지향성 마이크가 낫다. 바람이 심한 야외에서는 윈드스크린을 다는 것도 미리 생각해두자.

◀윈드스크린 마이크
●카메라 부착형 콘덴서
마이크
▶단일 지향성 마이크

9.7. 제대로 쓰면 차이가 확실한 조명

영상에서 조명을 하고 안 하고의 차이와, 조명을 제대로 또는 서툴게 하는 차이는 엄청나다. 조명을 제대로 구현하는 것은 알고 보면 그리 어렵지도 않고 돈도 그리 많이 들지 않는다. 키라이트(key light), 백라이트(back light), 필라이트(fill light)로 이뤄지는 3점 조명(3 point lighting)의 원칙만 알아도 훌륭한 조명감독이 될 수 있다.

대부분의 조명장비는 LED를 쓰기 때문에 가볍고 열이 나지 않으며 빛의 양을 조절하기도 쉽다. LED 조명은 전력을 적게 쓰면서 광량을 많이 낼 수 있기 때문에 가성비 좋게 활용하는 방법을 배워보자.

9.8. 새로운 시각을 선사하는 렌즈

스마트폰의 카메라 기능은 장점도 많지만 단점도 많다. 단점을 예로 들면 스마트폰 자체의 두께가 6mm 정도로 얇기 때문에 줌 기능이 떨어진다. 줌 기능을 쓰기 위해 손가락으로 스마트폰의 화면을 확대해서 찍으면 영상의 품질이나 채도가 떨어진다. 또 심도를 표현하거나 원근감이나 입체감을 살리는 데도 한계가 있다.

작은 크기와 싼 가격으로 스마트폰에 붙여 사용할 수 있는 렌즈를 알아보자. 넓은 범위를 찍을 때는 광각렌즈(wide angle lens)가 필요하다. 초점거리가 짧은 광각렌즈는 시야각(30°~60°)을 넓혀 더 넓은 범위를 찍게 해준다. 좁은 공간에서 넓은 시야를 촬영할 때 유리하다. 예를 들어 옆으로 늘어선 여러 사람을 찍거나, 아파트나 자동차의 실내공간을 넓어 보이게 만들 때 필요하다. 화면 전체에 초점이 맞기 때문에 주제가 흐려지기 쉽고, 원하지 않는 피사체까지 담게 되는 경우가 있다. 원하는 피사체만 담기 위해 가까이 다가가면 영상이 뒤틀리는 현상이 생길 수 있다. 같은 거리에서 찍은 물체가 표준렌즈보다 작게 보이고, 물체 사이의 거리가 멀어 보이는 게 특징이다. 조금만 흔들려도 초점이 흐트러지기 때문에 이동하면서 찍을 때는 적합하지 않다.

먼 풍경을 찍을 때는 망원렌즈(telephoto lens)가 적합하다. 초점거리가 길고 시야각(30° 이하)이 좁은 망원렌즈는 멀리 있는 피사체를 8~18배까지 확대해서 찍게 해준다. 그래서 '장초점렌즈' 또는 '협각렌즈'라고도 불린다. 시야각이 좁기 때문에 피사체가 크게 보인다. 가까이 있는 피사체를 찍으려면 거리를 둬야 하고 초점을 맞추는 데 신경을 써야 한다. 피사체를 주위와 분리시켜 두드러지게 묘사할 때 좋다. 또 거리감이 약해지기 때문에 앞뒤의 두 물체가 가깝게 보이게 만들 때 효과적이다. 심도가 얕기 때문에 보여주고 싶은 피사체만 초점을 맞추고 배경은 흐리게 만드는 아웃포커스에 좋다. 흔들림이 심하기 때문에 삼각대를 사용하는 게 좋다.

예술적인 영상을 찍는다면 어안렌즈(fish-eye lens)가 유리하다. 시야각이 180°를 넘는 초광각렌즈인 어안렌즈는 물고기가 물속에서 수면을 바라보면 180°의 시야를 가질 것으로 짐작한 데서 이 이름이 생겼다. 빛이 물속으로 입사(入射)할 때 굴절하기 때문이다. 피사체의 중앙이 돋보이고 배경이 둥글게 나온다. 영상이 심하게 비뚤어지지만 느낌이 다른 색다른 영상이 필요할 때 사용한다.

**스마트폰에 달고
사용할 수 있는 렌즈**

(출처: shutterstock)

매우 가까운 거리에서 찍을 때는 매크로렌즈(macro lens)가 필수다. 피사체에 최대한 가까이 초점을 맞춰 크게 촬영할 수 있도록 촬영 거리를 짧게 만든 렌즈다. 다른 렌즈는 피사체에 너무 가까이 가면 초점이 맞지 않아 흐리게 나오는데, 매크로렌즈를 쓰면 10cm까지 다가가서 영상을 찍을 수 있다. 작은 식물이나 곤충을 찍을 때 쓰는 접사렌즈가 바로 이것이다.

9.9. 즐거움을 바로 공유하는 생방송

영상을 찍다 보면 생방송을 해달라고 요청 받는 경우가 가끔 생긴다. 가족 여행이나 자녀의 활동은 물론 각종 행사나 모임에 필요하기 때문이다. 이 경험을 바로 공유하기 위해 생방송을 하는 것이다. 인터넷이 되는 곳이라면 언제 어디서나 스마트폰 하나로 생방송을 진행할 수 있다. 생방송 플랫폼으로 유튜브(YouTube), 비메오(Vimeo), 아프리카TV, 유스트림(Ustream), 트위치(Twitch) 같은 걸 들 수 있다.

비디유

생방송 스트리밍(streaming)을 하려면 동영상을 압축 저장하는 인코더(encoder)가 필요하다. 얼마 전만 하더라도 영상을 인터넷에 올려 유튜브 같은 플랫폼에서 바로 보게 하려면 비디유(Vidiu) 같은 스트리밍 인코더가 필요했다. 지금은 엑스스플릿(X-Split)이나 오비에스(OBS, Open Broadcasting Software) 같은 소프트웨어만으로 영상을 송출할 수 있게 됐다. 또 화면전환(switching)이나 자막처리 기능도 추가

▲X—Split
▼OBS

되면서 하드웨어보다 성능이나 속도가 별로 떨어지지 않기 때문에
활용도가 점점 늘어날 것으로 보인다.